GÉOGRAPHIE HISTORIQUE

DU

DÉPARTEMENT DE LA COTE-D'OR

SUIVIE DE LA

NOMENCLATURE DES COMMUNES ET HAMEAUX

AYANT CHANGÉ DE NOM

PENDANT LA PÉRIODE RÉVOLUTIONNAIRE

PAR

GABRIEL DUMAY

Secrétaire de l'Académie des Sciences, Arts et Belles-Lettres de Dijon

DIJON

IMPRIMERIE DARANTIERE

65, RUE CHABOT-CHARNY, 65

MDCCCCII

GÉOGRAPHIE HISTORIQUE

DU

DÉPARTEMENT DE LA COTE-D'OR

SUIVIE DE LA

NOMENCLATURE DES COMMUNES ET HAMEAUX

AYANT CHANGÉ DE NOM

PENDANT LA PÉRIODE RÉVOLUTIONNAIRE

*Extrait des Mémoires de la Société Bourguignonne
de Géographie et d'Histoire*, tome XVIII, année 1902.

GÉOGRAPHIE HISTORIQUE

DU

DÉPARTEMENT DE LA COTE-D'OR

SUIVIE DE LA

NOMENCLATURE DES COMMUNES ET HAMEAUX

AVANT CHANGÉ DE NOM

PENDANT LA PÉRIODE RÉVOLUTIONNAIRE

PAR

GABRIEL DUMAY

Secrétaire de l'Académie des Sciences, Arts et Belles-Lettres de Dijon.

DIJON

IMPRIMERIE DARANTIERE

65, RUE CHABOT-CHARNY, 65

MDCCCCII

GÉOGRAPHIE HISTORIQUE

DÉPARTEMENT DE LA COTE-D'OR

Le département de la Côte-d'Or, pas plus que l'ancienne province de Bourgogne, n'implique l'idée d'une unité géographique ou ethnographique.

De même qu'à toutes les époques de l'histoire, le sol de cette province a été divisé en deux parties formées par le territoire des Lingons et par celui des Eduens, devenus plus tard les cités de Langres et d'Autun, ainsi le département de la Côte-d'Or, qui occupe le centre de la Bourgogne, est tiré par moitié de ces deux anciennes cités.

Il est aisé d'expliquer cette anomalie par le désir des Romains de rompre, après la conquête, avec les souvenirs du passé ; afin de détruire toute idée de patriotisme chez les Gaulois, ils firent entrer le pays des Lingons et celui des Eduens dans la Lyonnaise, d'où il suit que les Evéchés de Langres et d'Autun ont été et sont encore suffragants de Lyon.

Au moyen âge, ces grandes divisions territoriales se subdivisent en *comitatus* et en *pagi ;*

le *comitatus* en *centenæ*, en *vicaria* ; le *pagus* en *actus*, en *fines* en *agri*, dénominations qui varièrent suivant les pays et les temps.

Mais, le nom générique de *Pagus* survécut à tous les autres. Plus tard l'organisation ecclésiastique s'en empara et c'est grâce à ses traditions persistantes, qu'il est possible d'en reconstituer approximativement les limites.

Les principaux *Pagi* de la cité de Langres, incorporés dans le département de la Côte-d'Or sont :

Le *Pagus Attoariorum*, arrosé par l'Ouche, la Tille, la Vingeanne et le Salon, qui paraît avoir eu la cité d'Ates (1) pour capitale ;

Le *Pagus Divionensis*, dont Dijon était le centre et le *Pagus Oscarensis*, détaché du précédent vers la fin du VIIIᵉ siècle ;

Le *Pagus Magnimontensis*, l'ancien pays des *Insubres*, enlevé sous Auguste à la cité d'Autun au profit de celle de Langres, tirant son nom du château de Mémont (2), qui avait remplacé *Mediolanum*, Mâlain (3), l'ancienne capitale du pays ;

Le *Pagus Latiscensis*, qui forme aujourd'hui l'arrondissement de Châtillon-sur-Seine.

(1) Ates, lieu détruit, commune d'Attricourt, canton d'Autrey, arrondissement de Gray (Haute-Saône).

(2) Mémont, canton de Sombernon, arrondissement de Dijon.

(3) Mâlain, id.

A la Cité d'Autun appartenaient :

Le *Pagus Alsensis*, capitale Alise (1), tiré du territoire des Mandubiens ;

Le *Pagus Duesmensis*, qui prit son nom du château de Duesme (2), et n'était qu'un démembrement du précédent ;

Enfin, le *Pagus Belnensis*, démembrement de l'ancien *Pagus Arebrignus*, qui avait le *Castrum Belnense*, Beaune, pour capitale.

Le sol de la Côte-d'Or fit partie, dès le IVe siècle, du Royaume des Burgondes, qui, en 534, fut incorporé, par les fils de Clovis, dans les Etats francs.

Depuis cette époque, il suivit, comme le reste de la Bourgogne, toutes les fluctuations de la politique mérovingienne.

Reconstitué à la mort de Clotaire au profit de Gontran (561) qui le promit à son neveu Childebert par le traité d'Andelot (587), le royaume de Bourgogne passa, à la mort de ce dernier (596) à son fils Théodoric. Après lui, Clotaire II réunit la Bourgogne à la France (613). Pendant deux siècles cette province est livrée aux troubles et à l'anarchie. Puis survient Charlemagne, sous le règne duquel la Bourgogne, toujours unie au domaine royal, reprend une certaine prospérité.

(1) Alise-Sainte-Reine, canton de Flavigny, arrondissement de Semur (Côte-d'Or).

(2) Duesme, canton d'Aignay-le-Duc, arrondissement de Châtillon-sur-Seine (Côte-d'Or).

Mais, après lui, recommence le morcellement de l'Empire. Le traité de Verdun (843) fixe la Saône comme limite à la Bourgogne proprement dite, qui échut à Charles le Chauve et que ce prince donna plus tard à son beau frère Richard le Justicier, premier duc bénéficiaire de Bourgogne (880).

Ce fut le point de départ, dit M. Noël Garnier (1), des dénominations de terre *d'empire* et de terre de *roi*, données aux régions situées à l'est et à l'ouest de la Saône (2).

Après des luttes incessantes entre les héritiers de Richard, la Bourgogne rentra entre les mains du pouvoir royal, jusqu'au jour où, en 1032, Henri Ier, roi de France, la céda en pleine propriété à son frère Robert, fondateur de la dynastie des Ducs de la race capétienne (1032-1361).

Parmi les princes de cette maison, il convient de citer Hugues I (1076-1079) qui fit de grandes largesses aux abbayes de ses états et prit part aux croisades d'Espagne ; son frère, Eudes I, dit Borel, qui mourut à Tarce en Cilicie, pendant la première croisade. Le règne d'Hugues II fut marqué, en 1137, par le grand incendie de Dijon ; celui d'Eudes II (1143-1162) par l'assemblée de

____

(1) *La Côte-d'Or*, Moulins, 1892, in 8°, p. 23.

(2) Aujourd'hui encore les bateliers de la Saône se servent des expressions, *tire à épire* et *tire à riau* suivant qu'ils veulent diriger leurs bateaux sur la rive gauche ou sur la rive droite de la Saône.

Vézelay, où saint Bernard prêcha la seconde croisade ; Hugues III (1162-1192), son successeur, mourut en terre sainte ; Eudes III (1192-1218), fidèle allié de Philippe-Auguste, lui fut d'un grand secours à la bataille de Bouvines ; inquiet de la turbulence des bourgeois de Dijon, il construisit, aux portes de la ville, la forteresse de Talant, pour les tenir en respect ; Eudes IV (1315-1350) accrut ses domaines des comtés d'Artois et de Bourgogne, en épousant Jeanne de France, fille de Louis le Hutin. Son petit-fils, Philippe de Rouvres, lui succéda encore enfant. Il venait d'atteindre sa majorité quand il mourut d'une chute de cheval. Avec lui finit cette branche de la maison de France qui avait régné sur la Bourgogne pendant 329 ans (1361).

Le roi Jean, qui, par sa mère Jeanne de Bourgogne, était le plus proche parent de Philippe de Rouvres, prit aussitôt possession du duché : cette réunion de la Bourgogne à la couronne fut de courte durée ; il donna cette province à son plus jeune fils, Philippe, qui s'était distingué à ses côtés à la bataille de Poitiers et qui devint la souche des ducs de Bourgogne de la maison de Valois (1363-1477).

Philippe le Hardi (1363-1404) fut un protecteur éclairé des arts. Il réunit dans son palais une bibliothèque, ou, comme on disait alors, une *librairie*, qu'il ne cessait d'accroître. « Les écri-

vains, les enlumineurs, les relieurs, les libraires,
dit Peignot, étaient continuellement à la recher-
che de tout ce qui pouvait flatter la noble passion
de ce prince. Le duc Philippe ne se bornait pas
à de simples acquisitions d'ouvrages, ni à faire
exécuter de riches manuscrits ; il mettait encore
à contribution le génie et le talent des personnes
de son temps. C'est par ses ordres que l'histoire
de son frère, le roi Charles V, fut composée par
Christine de Pisan (1). »

C'est aussi le duc Philippe qui fonda la char-
treuse de Champmol-les-Dijon (1377), devenue
le Saint-Denis des ducs de la seconde race.

Si son fils Jean sans Peur (1404-1419) eut une
vie orageuse et une politique sans scrupules ;
s'il eut à se reprocher le meurtre du duc d'Or-
léans, il ne faut pas oublier qu'il expia durement
son crime sur le pont de Montereau et qu'il avait
sagement administré le Duché.

Le long règne de Philippe le Bon (1419-1467)
fut un temps de prospérité pour la Bourgogne.
Il était réservé à ce prince, dont la cour était
« l'hostel de toute gentillesse », de surpasser son
père et son aïeul par son goût pour les lettres.
Sa bibliothèque devint l'une des plus riches de
l'Europe.

(1) *Catalogue d'une partie des Livres composant la Bibliothèque
des Ducs de Bourgogne au XVe siècle* 2e édit. Dijon, Lagier, 1841,
in-8°, p. 10.

L'ordre de la Toison d'or, qu'il fonda en 1429, fut recherché par tous les princes de la chrétienté. Il était un protecteur éclairé de l'agriculture; aussi, sa mort fut-elle accueillie par d'unanimes regrets.

Le caractère aventureux de Charles le Téméraire mit fin à cette prospérité. Fidèle à sa devise : *Je l'ay emprins*, ce prince ne rêvait rien moins que la constitution d'un royaume indépendant entre la France et l'Empire. Son rêve téméraire vint échouer sous les murs de Nancy (1477).

Louis XI parvint, non sans peine, à réunir la Bourgogne à la couronne. Beaune, Semur, Dijon, Saulieu, se soulevèrent contre lui. Mais une fois ralliée à la mère patrie, cette province devint et demeura profondément française.

Du XVIe au XVIIIe siècle, elle supporta sa part de tous les malheurs publics et, malgré l'apparente liberté que lui avait conservé le maintien de ses états provinciaux, bien souvent elle adressait des doléances au Roi sur l'augmentation incessante des impôts.

Les guerres religieuses, terminées en Bourgogne par la bataille de Fontaine-Française (1595) laissèrent des traces qui furent longues à s'effacer. Et cependant, grâce à la prudence du président Jeannin, alors simple avocat, elle avait échappé aux horreurs de la Saint-Barthélemy.

Mais, rien n'égala la misère qui suivit l'invasion des Impériaux en 1636.

Toute la vallée de la Saône, aussi bien que les bords de la Vingeanne et de la Bèze, furent ravagés par l'armée allemande, sous la conduite du général Gallas et de son lieutenant Massiet.

L'honneur d'avoir arrêté cette invasion revient tout entier à la ville de Saint-Jean-de-Losne, contre laquelle se brisèrent les efforts des envahisseurs. Le roi récompensa l'héroïsme de ses habitants par d'honorables privilèges et par l'exemption générale de tous impôts.

Les procès-verbaux officiels, dressés à la suite de cette invasion, constatent partout la misère et les vides que la mort ou la fuite faisaient chaque jour dans les villages de cette région. L'agriculture, le commerce étaient anéantis, les chemins détruits, les ponts rompus. En 1643, l'impôt dépassait huit fois celui des temps antérieurs.

Quand les commissaires demandaient les rôles de tailles : « Nous n'en avons point, répondaient les paysans ; voici des échalas échancrés qui nous servent, chacun y a son signe (1). »

Mais à ce triste spectacle succédèrent des jours meilleurs. Depuis le traité des Pyrénées (1659),

____

(1) Rossignol, *Le Bailliage de Dijon après la bataille de Rocroy*, Dijon, Jobard, 1857, in-8°, p. 7.

une paix profonde, qu'avaient à peine effleuré les troubles de la Fronde, ne cessa de régner en Bourgogne.

De 1626 à 1789, cette province eut pour gouverneurs les princes de la maison de Condé. C'est pendant cette période que les Etats consacrèrent leur activité et leurs ressources au développement moral et matériel de la province. Dijon, qui était déjà le siège d'un Parlement, d'une Chambre des comptes, d'un Bureau des finances et d'un Présidial, obtint successivement, grâce à l'influence de ses gouverneurs, une Université, en 1722, un Evêché, en 1731 et une Académie des sciences, arts et belles-lettres, en 1740.

A la même époque, les Etats donnaient tous leurs soins à la construction de ponts et à la création d'un réseau de routes qui font encore aujourd'hui notre admiration.

C'est également à l'initiative des Etats, que la province doit la création du canal de Bourgogne, dont l'idée primitive appartient à Louis XII et que Sully, sur les suggestions du Président Jeannin, fut sur le point d'entreprendre. Le premier plan fut donné par Adam de Craponne, en 1606. En 1724, les Etats chargèrent l'ingénieur Abeille de faire à ce sujet un nouveau travail qui fut déposé en 1727 et successivement modifié par Perronet et Gauthey. Les travaux furent entrepris en 1775 et le 24 juillet 1784, le prince de

Condé posa la première pierre du canal à l'écluse de Saint-Jean-de-Losne. Un obélisque élevé en cette ville conserve ce souvenir.

Ce travail était en pleine voie d'exécution quand éclata la révolution.

I. Le Département.

L'une des premières mesures proposées par l'Assemblée constituante fut la suppression des anciennes provinces et le partage du territoire français en départements.

A cette époque, la Bourgogne comprenait sept états particuliers, vestiges des anciennes divisions romaines, et dix-neuf bailliages d'origines diverses ; ainsi les comtés d'Auxonne et de Châlon-sur-Saône avaient été réunis au duché en 1237, ceux d'Auxerre, de Mâcon et de Bar-le-Duc, en 1435, la Bresse, le Bugey, le Valromey, le pays de Gex, en 1601, le comté de Charollois en 1761 et les Dombes en 1782.

De ces sept états, trois seulement furent englobés dans le département de la Côte-d'Or : le Dijonnais, l'Auxois et le pays de la Montagne, qui avaient pour capitales Dijon, Semur et Châtillon (1).

(1) Il convient d'ajouter ici que le département de la Côte-d'Or a emprunté, en outre, quelques communes ou portions de communes, à la Franche-Comté, à la Champagne et au Nivernais.

A la Franche-Comté ont été empruntés, en partie, les villages

Ces trois états comprenaient neuf bailliages : Dijon, Semur-en-Auxois, Châtillon, ou la Montagne, Beaune, Nuits, Auxonne, Saint-Jean-de-

d'Orville, canton de Selongey, Oisilly et Renève, canton de Mirebeau, arrondissement de Dijon ;

Au Nivernais, les paroisses de Liernais et de Saint-Martin-de-la-Mer, canton de Liernais, arrondissement de Beaune.

La Champagne a fourni 54 communes, que nous allons énumérer suivant leur situation géographique du nord à l'ouest du département.

ARRONDISSEMENT DE DIJON

Canton de Pontailler-sur-Saône, Talmay.

Canton de Mirebeau, Bèze.

Canton de Fontaine-Française, Bourberain, Fontenelle, Pouilly-sur-Vingeanne, Mornay-sur-Vingeanne, Lavilleneuve-sur-Vingeanne, Montigny-sur-Vingeanne, Saint-Maurice-sur-Vingeanne, Courchamp.

Canton d'Is-sur-Tille, Til-Chatel, Echevannes, Marcilly-sur-l'Ignon.

Canton de Selongey, Chaume, Sacquenay, Chazeuil.

Canton de Grancey-le-Château, Cussey-les-Forges, Courlon, Grancey-le-Château, Neuvelle-lez-Grancey.

ARRONDISSEMENT DE CHATILLON

Canton de Recey-sur-Ource, Chaugey, Chambain, Buxerolles, Gurgy-le-Château, Leuglay, Faverolles-lès-Lucey, Lucey, Gurgy-la-Ville.

Canton de Montigny-sur-Aube, Lachaume, Lesgoulles, Lignerolles, Boudreville, Veuxhaules, Montigny-sur-Aube, Gevrolles, Grancey-sur-Ource.

Canton de Châtillon, Prusly-sur-Ource, Villers-Patras, Charrey-sur-Seine, Vix, Pothières, Gomméville, Noiron-sur-Seine.

Canton de Laignes, Molesmes, Villedieu, Vertault, Bouix, Channay, Griselles, Nicey, Laignes, Asnières-en-Montagne.

ARRONDISSEMENT DE SEMUR

Canton de Montbard, Rougemont, Quincy-le-Vicomte.

Losne, Arnay-le-Duc et Saulieu. Les trois premiers étaient des bailliages royaux, ayant à leur tête des baillis d'épée, les six autres, de simples bailliages particuliers.

Dès le 9 décembre 1789, un membre du comité de constitution, chargé d'étudier la nouvelle division de la France, rendait compte à l'Assemblée nationale de l'état de la question.

Il faisait remarquer que cette opération présentait de nombreuses difficultés, créées par les représentations incessantes envoyées ou apportées par des députés extraordinaires, dans le but de conserver ou de donner à chacune de leurs villes les établissements religieux ou civils existant ou à créer; il terminait en disant qu'il convenait de parsemer les établissements autant qu'il serait possible.

Pour atteindre ce but, l'assemblée chargea ce même comité de déterminer le chef-lieu des établissements d'alors, ou l'alternative, s'ils le jugeaient convenable.

A la suite d'un second rapport, le décret du 22 décembre 1789 posa le principe de la division du royaume en départements, tant pour la représentation que pour l'administration (art. 1er), chaque département devant être divisé en districts (art. 2) et chaque district en cantons d'environ quarante lieues carrées (art. 3).

Le 7 janvier 1790, l'assemblée entendait la

lecture d'une instruction destinée à être envoyée
dans les provinces.

Le 8, le député Bureau de Puzy faisait un
rapport complet sur la nouvelle division du
royaume et le 15, l'assemblée, présidée par
l'abbé de Montesquiou, après avoir examiné les
observations des députés de toutes les provinces,
décrétait que la France serait divisée en 83 départe-
tements.

La Bourgogne, l'Auxerrois, le Sénonais, la
Bresse, le Bugey, le Valromey, les Dombes et le
pays de Gex en formaient quatre (1).

On était loin de s'entendre sur les noms à donner à ces nouvelles divisions territoriales.

« La discussion, dit M. Chabeuf dans *la Correspondance historique* (2), s'ouvrit le 18. Tar-
get était d'avis de maintenir, mais en les sub-
divisant, les anciens group provinciaux ;
l'assemblée partageait cette anière de voir et
inclinait même à conserver s noms histori-
ques. Ainsi, on aurait dit: dép ...ient du *Nord de
la Provence*, du *Gévaudan*, 'e *Franche-Comté
d'Amont*, de *Franche-Comté d'Aval*, souvenirs
de deux grandes bailliages, établis autrefois par
Charles-Quint, de *Haut-Berry*, etc. Mais l'esprit

(1) *Collection Baudouin*, II. p. 16. — Arch. Côte-d'Or, M. 9,
liasse 1, cote 2.

(2) *La Correspondance historique et archéologique*, n° du 25 juin
1896.

nouveau dépassa bientôt ces prémisses et, le vendredi 26, sous la présidence de Talleyrand, évêque d'Autun, l'idée fut mise en avant de donner à chaque département le nom du chef-lieu dominant. Bureau de Puzy la repoussa au nom du Comité de Constitution, dans la crainte de donner à une ville la suprématie sur les autres.

« On proposa alors de donner tout simplement aux nouveaux départements des numéros, ce que Mirabeau fit écarter par ce motif, que les premiers numéros se croiraient supérieurs aux autres. Un curé, dont le nom ne figure pas au procès-verbal, avait même demandé que l'on numérotât les districts.

« Les noms de provinces et villes, les numéros étant écartés définitivement, l'assemblée nationale en vint naturellement aux désignations géographiques. »

Quel nom choisira-t-on pour désigner le département dont Dijon sera le chef-lieu ?

Le 20 janvier, l'assemblée, par un décret spécial, décida que ce département encore innommé serait divisé en 7 districts : Dijon, Châtillon-sur-Seine, Semur-en-Auxois, Is-sur-Tille, Arnay-le-Duc, Beaune, et Saint-Jean-de-Losne, sauf à placer un tribunal à Auxonne, s'il en est créé un dans le district (1).

(1) Le département de la Côte-d'Or devait primitivement comprendre six districts. C'est sur la proposition de MM. d'Auxonne,

Le 9 février, les députés de ce département signaient un Procès-verbal contenant la délimitation de son périmètre et la nomenclature des sept districts, des quatre-vingt-six cantons et des sept cent soixante-deux paroisses qui le composaient (1).

Cet état de choses fut confirmé le 26 février par un décret général, sanctionné le 4 mars par le roi, qui dénommait les 83 nouvelles divisions de la France et en réglait le fonctionnement (2).

Cette fois, et c'est la première, le département de la Côte-d'Or apparaît sous le nom qu'il porte encore aujourd'hui.

Il n'est pas sans intérêt de rechercher l'origine de cette dénomination.

Ouvrons une géographie ou un annuaire ; nous y lisons invariablement que ce département tire son nom d'une suite de collines situées au

de Saint-Jean-de-Losne et de Seurre, de faire un district sur la Saône, que l'assemblée nationale en créa un septième, dont le siège était fixé à Saint-Jean-de-Losne (Arch. départ. de la Côte-d'Or, M. 9, liasse 1, cote 1).

(1) Ce procès-verbal est signé par † L'évêque de Dijon (Mgr de Mérinville), Arnoult, Volfius, Frochot, Guiot, Guiot de Saint-Florent, Hernoux, Benoist, Couturier et Merceret. (Orig. Arch. départ. de la Côte-d'Or, M. 9, liasse 1, cote 1).

Le département de la Côte-d'Or est situé entre les 46° 51' et 48° 2' de latitude septentrionale et à 1° 44' et 3° 11' de longitude orientale. Sa superficie est de 874,634 hectares.

(2) Le 8 mars, l'assemblée décrétait la remise de ces 83 départements au Comité de Constitution.

2*

sud de Dijon, que la richesse et la qualité de leurs produits avaient fait désigner sous le nom de *Côte-d'Or*.

C'est une erreur (1).

Une tradition très respectable, je dirai même certaine, rapporte que le département qui devait avoir Dijon pour chef-lieu, dut, à l'origine, s'appeler la *Haute-Seine* ; cette dénomination, qui pouvait présenter quelque confusion avec celle d'un département voisin, la Haute-Saône, ne fut pas acceptée. On proposa le nom de *Seine-et-Saône*, qui ne parut pas suffisamment euphonique et fut également rejeté.

Enfin, un député du bailliage de Dijon, André-Remy Arnoult, avocat au Parlement de Bourgogne, fit observer que le territoire de cette région était traversé par une chaîne de collines, une *Côte*, innommée jusque-là, sur le flanc de laquelle croissaient les meilleurs vins de France, que ce produit était un trésor pour le pays et que cette *Côte d'Or* était digne de donner son nom à la nouvelle circonscription. Cette opinion prévalut et Dijon devint le chef-lieu du département de la *Côte-d'Or*.

(1) Cette erreur est presque contemporaine de la création du département. Ainsi dans le *Dictionnaire Géographique de la République française* publié en l'an VII, in-8°, tome I, p. 451, on lit déjà cette phrase : « Le département de la Côte-d'Or tire son nom d'un excellent coteau près de Dijon. »

Ce nom fut-il jeté au hasard dans une délibération, médité ou improvisé, on l'ignore ; toujours est-il qu'il est heureusement choisi.

Girault, dans l'*Annuaire* de ce département pour l'année 1820, p. 28, pense que ce nom vient du climat des *Marcs d'Or*, territoire de Dijon; mais la réputation de ce cru de second, sinon de troisième ordre, est trop locale pour avoir entraîné la dénomination de tout un département. L'auteur ajoute, — et nous ne partageons pas davantage son sentiment à ce sujet, — que le nom de *Haute-Seine* lui eût mieux convenu.

Celui qu'il porte a quelque chose de plus harmonieux, de plus personnel, et la Côte-d'Or est le seul des départements de France qui, loin d'avoir reçu son nom d'une rivière ou d'une montagne, a imposé le sien à toute une chaîne de collines. En effet, le nom de Côte d'Or devint bientôt, géographiquement, celui de tous les coteaux situés au sud de Dijon. Cependant, dit avec raison M. Noël Garnier, « pour l'habitant du pays, la colline aux riches vignobles est restée la *Côte* par excellence, la *Côte* sans épithète(1), » de même que la *Montagne,* tout court, désigne la

(1) Voici comment s'exprime Courtépée, dans sa *Description du Duché de Bourgogne,* tome I, page 293, 2e édition : « La Bourgogne est divisée, dans sa longueur, par une chaîne de montagnes qui s'étend de Dijon à Lyon. Cette *Côte,* célèbre par l'excellence des vins qu'elle produit, semble diviser la province en deux larges bandes. » Ailleurs, il l'appelle la *bonne Côte* (tome II, p. 6).

partie de ce département qui forme l'arrondissement de Châtillon-sur-Seine.

C'est en vertu d'une commission donnée par le roi le 6 mars 1790, que Louis-Antoine-Paul, vicomte de Bourbon-Busset, commandant en chef par intérim dans le Gouvernement de Bourgogne, Louis-Bernard Guyton de Morveau, avocat général honoraire au Parlement de Dijon, et François Guiot, maire de la ville de Semur, procédèrent à la formation et à l'établissement du département de la Côte-d'Or (1).

Dès le 22 mars, ils recevaient du comte de Saint-Priest les instructions du roi, datées du 14, relatives à la formation des assemblées primaires et administratives, ainsi que la carte et le procès-verbal de délimitation du département, « au moyen de quoi, ajoute M. de Saint-Priest, rien ne paraît devoir vous empêcher de commencer vos opérations. »

Les commissaires tinrent leur première séance le 30 mars et terminèrent leurs travaux le 15 juin 1790.

Le 16 avril, ils convoquaient les assemblées de canton pour le 28 du même mois, à l'effet de nommer les délégués chargés de procéder à l'élection des trente-six membres qui devaient com-

(1) Arch. départ. de la Côte-d'Or, K², n° 1.

poser le corps administratif du département (1).

Cette élection, entourée de formalités nombreuses, dura 18 jours. Les délégués, convoqués à Dijon, salle des Etats, pour le 10 mai, ne remirent que le 28, aux commissaires du roi, la liste des élus. Guyton de Morveau leur fut adjoint comme procureur général syndic (1).

C'est à ces nouveaux administrateurs qu'en vertu d'une proclamation du roi du 20 avril, les états provinciaux, les commissions intermédiaires, les intendants et les subdélégués devaient rendre le compte des fonds dont ils avaient la disposition et remettre toutes les pièces relatives à l'administration de chaque département (2).

Dès le 7 mai, pour se conformer à ces intentions, Amelot de Chaillou, intendant de Bourgogne, proposait aux commissaires du départe-

(1) Ces administrateurs devaient être choisis parmi les citoyens payant une cotisation au moins égale à la valeur de dix journées de travail.

(2) Ce conseil devait être divisé en deux sections : *le Directoire*, formé de huit membres élus par leurs collègues et investis du pouvoir administratif, proprement dit, et le *Conseil du département*, assemblée délibérante qui ne se réunissait qu'une fois par an, pour ordonner les travaux importants et recevoir les comptes de la gestion du Directoire. Un procureur général syndic, qui fut Guyton de Morveau, devait assister à toutes les séances du conseil. Aucune délibération ne pouvait être légalement prise sans qu'il ait été entendu. La liste de ces premiers administrateurs a été publiée dans le *Journal patriotique de Bourgogne*, 1790, n° 21 et par M. Garnier, dans l'*Annuaire départemental de la Côte-d'Or* pour l'année 1879, p. 414.— Voir Arch. de la Côte-d'Or, K², n° 1, et M. 9, liasse 1, cote 5.

(2) Arch. dép. de la Côte-d'Or, M. 9, liasse 1, cote 4.

ment de remettre entre leurs mains les papiers concernant chaque administration.

« Si j'éprouve des regrets, leur écrit-il de Paris, en cessant d'être utile aux communautés de Bourgogne, je sens trop l'avantage qu'elles trouveront à avoir pour administrateurs des personnes de leur choix, pour que je ne presse pas moi-même le moment où elles pourront en jouir.

« Je désire prendre mes mesures pour que la division des papiers de l'intendance soit telle que la remise n'éprouve aucun retard et que les membres de chaque administration puissent les reconnaitre avec facilité. »

Puis il demande, pour accélérer son travail, la nomenclature exacte de chacun des départements et districts tirés de l'ancienne Province de Bourgogne (1).

Le 11 mai, les commissaires répondent à cette communication en envoyant à l'intendant un exemplaire du procès-verbal de délimitation du département, tout en lui faisant observer que ce document contenait un assez grand nombre d'erreurs ou d'omissions qu'il ne serait possible de rectifier avec certitude qu'à la vue des procès-verbaux de formation des municipalités.

Le 15 juin, la commission provisoire tenait sa dernière séance et le lendemain 16, la nou-

---

(1) Arch. départ. de la Côte-d'Or, M 9, liasse 1, cote 5.

velle administration entrait en fonction (1).

Ici se place un petit incident qu'il n'est pas sans intérêt de rapporter.

A cette commission, il fallait un local pour tenir ses séances.

Les nouveaux administrateurs siégeraient-ils dans la salle où se faisait précédemment l'ouverture des Etats, et où s'était tenue l'assemblée électorale du département, ou bien accepteraient-ils une autre salle que les Elus avaient fait préparer au Logis du Roi ?

La solution de cette question donna lieu à un combat épistolaire qui dura toute la matinée du 16 juin.

Guyton de Morveau, prévoyant que la salle des Etats lui serait refusée, s'était abouché, dès la veille, avec le vicomte de Bourbon-Busset qui lui déclara net que les Elus ne consentiraient point à ce que l'administration du département tînt ses séances dans la salle dont il s'agit ; mais, qu'en sa qualité de commandant de la province, il donnerait des ordres pour en faire préparer une autre au Logis du Roi.

Réunis le lendemain 16, à huit heures du matin, au domicile particulier de Guyton de Morveau, les nouveaux administrateurs furent invités à délibérer sur ce sujet.

D'un avis unanime, ils chargèrent le Procureur général syndic d'écrire au vicomte de Bourbon-

(1) Arch. départ. de la Côte-d'Or, K², n° 2.

Busset pour lui demander de faire ouvrir la salle des États et le prévenir que les administrateurs attendaient les ordres qu'il aurait bien voulu donner à ce sujet.

Un instant après M. de Bourbon-Busset faisait savoir qu'il ne pouvait répondre à cette demande sans en référer à la chambre des Elus généraux qui devait s'assembler à onze heures. Il ajoutait qu'une autre salle avait été préparée au Logis du Roi pour recevoir les membres du département.

Cette communication mécontenta vivement les administrateurs qui résolurent de se retirer à l'instant dans un lieu convenable, autre néanmoins que la salle offerte par M. de Bourbon-Busset, pour procéder à la nomination du président et du secrétaire et ensuite aviser au parti qu'il conviendrait de prendre.

Une salle du couvent des Cordeliers ayant été indiquée et agréée comme convenable, deux des administrateurs furent députés au gardien de ce couvent pour la faire préparer.

A cet instant, on apportait une seconde lettre du commandant de la Province qui, au nom de la chambre des Elus généraux, informait les administrateurs que si, après avoir examiné la salle qui leur était destinée, au Logis du Roi, ils préféraient celle où les élections avaient été faites, l'administration ordonnerait qu'elle leur soit ouverte.

L'assemblée départementale persista à demander l'ouverture de la salle des Etats et sa détermination fut immédiatement notifiée aux Elus qui se décidèrent enfin à faire ouvrir, par le concierge, la porte de cette salle où les nouveaux administrateurs convoitaient si ardemment de siéger et que les Elus ne cédaient qu'avec un légitime regret (1).

Ce fut le dernier acte de leur administration : Les Etats de Bourgogne avaient vécu. L'administration du département de la Côte-d'Or commençait.

A peine installés, les membres de l'assemblée confièrent la présidence de la séance au doyen d'âge M. Ravelet, d'Aisey-le-Duc; à la séance du soir, le Procureur général syndic prononça un discours relatif aux fonctions confiées aux administrations départementales et aux devoirs des administrateurs (2).

Puis, l'assemblée, après avoir choisi M. Gautherin, avocat à Flavigny, comme président et M. Vaillant puîné, commis à la recette de la chancellerie, comme secrétaire, se déclara constituée.

Du 17 au 29, elle recevait successivement les députations envoyées par l'Académie, les volontaires artilleurs, la garde nationale, les volon-

(1) Arch. départ. de la Côte-d'Or, K², n° 2.
(2) Ce discours fut imprimé, chez Defay, in-4°.

taires à pied, l'Etat major, les professeurs du collège et les rhétoriciens (1).

Le 14 juillet suivant, jour de la fête de la Fédération, la commune de Paris offrait une bannière à chacun des quatre-vingt-trois nouveaux départements. Un décret du 19, sanctionné le 23 par le roi, décida qu'elles seraient placées dans le lieu où le conseil d'administration de chaque département tiendrait ses séances.

L'organisation départementale établie par le décret du 26 janvier 1790, modifiée momentanément par la loi du 14 frimaire an II (4 décembre 1793), mais bientôt rétablie par celle du 23 germinal an III (17 avril 1795) subsista jusqu'à la constitution du 5 fructidor an III (22 août 1795), qui lui fit subir de profonds changements. Ainsi, elle confia l'administration départementale à cinq membres élus, chargés de délibérer et d'agir ; elle supprima les administrateurs de district, et créa, pour les remplacer, des municipalités de canton, formées de la réunion de toutes les communes d'un même canton (art. 174 et suiv.).

L'expérience démontra le vice de cette organisation : les cantons étaient trop multipliés, pour fournir des administrateurs instruits et éclairés ; et néanmoins, l'étendue de cette circonscription était trop grande pour que l'administration municipale pût être présente à cette multitude d'actes

(1) Arch. départ. de la Côte-d'Or, K², 2.

qui exigent à chaque instant son intervention.

Cette division avait donc le triple inconvénient de mettre en fonctions beaucoup d'administrateurs incapables, d'éloigner des administrés les services les plus nécessaires, et de rendre l'administration aussi dispendieuse que mauvaise.

La loi du 28 pluviôse an VIII (17 février 1800) porta remède à cet état de choses qui avait duré cinq ans. Elle supprima les municipalités de canton, divisa chaque département, dont les anciennes limites étaient maintenues, en arrondissements communaux et en cantons, moins nombreux et par conséquent plus étendus que les précédents.

Le département de la Côte-d'Or comprit alors quatre arrondissements : Dijon, Beaune, Châtillon et Semur, et quatre-vingt-six cantons. Cette dernière subdivision fut bientôt modifiée par l'arrêté des Consuls du 17 vendémiaire an X (9 octobre 1801) qui, maintenant la division du département en quatre arrondissements, réduisit le nombre des cantons à trente-six et fixa celui des communes à sept cent dix-sept (1).

C'est cette division qui subsiste encore aujourd'hui (2).

(1) Un arrêté du 25 ventôse an X (16 mars 1802) rectifia celui du 17 vendémiaire précédent, qui contenait quelques erreurs dans la désignation des communes et leur répartition par canton.

(2) Excepté en ce qui concerne le nombre des communes, qui a été successivement réduit à 714.

A partir de cette époque, la ville de Beaune fut divisée en deux arrondissements de justice de paix.

Celle de Dijon en forma trois.

Le premier, dit de l'*Ouest*, comprenait les deux sections dites de la *Liberté* et de la *Fraternité*.

Le second, dit de l'*Est*, fut composé des sections de l'*Unité* et de la *Sincérité*.

Le troisième, dit du *Nord*, fut formé des sections de l'*Egalité* et de la *Fidélité*.

Ces dénominations étaient puisées dans un arrêté de l'administration départementale du 15 ventôse an V (5 mars 1797) qui répartissait les électeurs de la ville et de ses faubourgs en six sections, désignées sous les noms qui viennent d'être rapportés (1).

A partir de l'an VIII, chaque département fut administré, comme il l'est encore aujourd'hui, par un Préfet, un conseil de Préfecture et un conseil général.

Dans chaque arrondissement communal on institua un Sous-Préfet et un conseil d'arrondissement (art. 8) et, dans chaque municipalité, un maire, des adjoints et un conseil municipal (art. 12 et 15).

---

(1) *Journal de la Côte-d'Or* des 20 et 25 ventôse an V (10 et 15 mars 1797).

Deux arrêtés du 17 ventôse an VIII (8 mars 1800) organisaient les préfectures et réglaient les détails relatifs à l'installation, aux fonctions et au costume des Préfets.

M. Guiraudet, premier Préfet de la Côte-d'Or, fut installé le décadi 30 ventôse an VIII (21 mars 1800).

Si le département de la Côte-d'Or doit aux Etats de Bourgogne la création des grandes routes qui le sillonnent, et l'idée première du canal de Bourgogne, n'oublions pas qu'il est redevable à ses administrateurs et à ses représentants au XIX⁰ siècle de l'achèvement de ce canal, de la création de celui de la Marne à la Saône, d'un magnifique réseau de chemins de fer et de tramways dont Dijon est le centre.

Les travaux du canal, poussés avec vigueur de 1789 à 1793, puis abandonnés, furent repris en 1800. La partie comprise entre Saint-Jean-de-Losne et Dijon fut livrée à la circulation le 14 décembre 1808 ; mais la section supérieure, dont l'exécution offrait plus de difficulté, n'a été ouverte que le 2 janvier 1833.

La grande ligne du chemin de fer de Paris à Lyon, pour la partie entre Dijon et Châlon, fut inaugurée le 12 août 1849, celle entre Dijon et Tonnerre, le 1ᵉʳ juin 1851 ; l'embranchement de Dijon à Besançon, le 25 juin 1855; celui d'Au-

xonne à Gray, le 10 novembre 1856 ; celui de Dijon
à Langres, le 28 octobre 1872 ; celui de Dijon à
Saint-Amour, le 20 juin 1891 et les tramways dé-
partementaux le 9 avril de la même année.

Pendant le cours du XIX° siècle, le département
de la Côte-d'Or a subi trois invasions : celle de
1814, pendant laquelle des corps francs se formèrent pour harceler l'ennemi ; celle de 1815,
qui donna lieu à une grande revue passée dans
la plaine entre Dijon et Arc-sur-Tille ; enfin la
plus dure de toutes, celle de l'année terrible,
qui dura du 27 octobre 1870 à la fin du même
mois de l'année 1871.

II. LES DISTRICTS, LES ARRONDISSEMENTS, LES CANTONS

Le décret du 22 décembre 1789 posait le principe de la division de la France en départements,
districts et cantons.

Le procès-verbal de délimitation du département de *Dijon* dressé le 9 février 1790 par les
députés de la région contient sa division en sept
districts, quatre-vingt-six cantons et sept cent
soixante-deux paroisses (1).

En ce qui concerne les districts, cet acte n'est

(1) Arch. départ. de la Côte-d'Or, M. 9, liasse 1, côte 1.

que l'application du décret du 20 janvier précédent. Quant aux cantons, d'un rapport fait à l'assemblée nationale, le 5 février, au nom du comité
de constitution, par Dupont, député du bailliage
de Nemours, il résulte que « leur division, leur
nombre et leurs limites furent considérés comme
des arrangements purement intérieurs, laissés
aux lumières des départements et des districts » (1). Il y a donc tout lieu de croire que
leur répartition et celle des communes qui les
composent, est l'œuvre personnelle des députés
du département.

Dans certaines régions de la France de nombreuses protestations s'élevèrent contre la manière dont étaient appliquées ces nouvelles divisions. Un décret du 20 mars 1790 déclara toutes
ces réclamations nulles et non avenues (2).

Il semble cependant que ces tableaux de répartition, bien que définitifs, ne furent pas immédiatement portés à la connaissance du public ;
car, à la séance du 20 avril, un sieur Baudouin,
imprimeur de l'Assemblée nationale, demandait
instamment que la liste des districts et des cantons lui fût remise par les députés de chaque dépar-

(1) *Rapport sur le décret général relatif aux départements du royaume*, fait au nom du Comité de constitution par M. Dupont, député du bailliage de Nemours, le 5 février 1790, imprimé par ordre de l'Assemblée nationale, Paris, Imp. nat., 1790, in-4°.
(2) *Collection Baudouin*, t. II, p. 217.

tement, afin de faciliter les envois d'imprimés qu'elle ordonnait (1). Il était d'autant plus facile de satisfaire à cette requête, au moins en ce qui concerne le Département de la Côte-d'Or, que, dans un document daté du 31 mars, les commissaires du roi pour la formation de ce département déclarent avoir reçu récemment « la carte du département, le procès-verbal qui en fixe les limites, celles des districts et même celle des différents cantons (2). Le nombre de ceux-ci ne demeurera pas invariablement le même : car, s'il est vrai que, d'après un *Almanach* de 1792 (3) et un tableau dressé en exécution d'une circulaire ministérielle du 19 février 1793 (4), le département de la Côte-d'Or conservait encore à cette époque sa division primitive en quatre-vingt-six cantons, deux documents postérieurs, l'un sans date, mais où les communes qui avaient changé de nom sont désignées sous leur vocable révolutionnaire (5), l'autre de l'an IV (1796) (6) portent le nombre des cantons, à qua-

(1) Procès-verbal de la séance du 20 avril 1790, p. 36.

(2) Arch. depart. de la Côte-d'Or, M. 9, liasse 1.

(3) *Almanach du département de la Côte-d'Or pour l'an 3e de la liberté*, Dijon, Causse, 1792, in-8.

(4) Arch. départ. de la Côte-d'Or, M. 9, liasse 1, cote 21.

(5) *Département de la Côte-d'Or, Nomenclature des cantons et communes*, in-4 de 68 pages, s. l. n. d. (Arch. départ. de la Côte-d'Or, M. 9, liasse 2, cote 6).

(6) *Nomenclature des cantons, communes, hameaux, écarts du*

tre-vingt-dix, par le dédoublement des villes
d'Auxonne, Beaune, Dijon et Semur.

Un *Dictionnaire géographique de la République française* (1), publié en l'an VII (1799),
réduit leur nombre à quatre-vingt-huit. Les
quatre villes citées plus haut ne comptent plus
qu'un canton chacune, tandis que Volnay, district de Beaune, et Jouhey, district d'Arnay,
sont indiqués comme chefs-lieux de deux nouvelles divisions cantonales.

Si cette division a réellement existé, elle n'a
pas duré longtemps, car dès l'an VIII (1800) le
nombre des cantons est officiellement de quatre-vingt-six.

Les inconvénients de la trop grande multiplicité des divisions administratives et judiciaires,
que nous avons déjà signalés, se faisaient tellement sentir, que, dès le 5 nivôse an IV (20 décembre 1795), l'administration du département
de la Côte-d'Or adressait au ministre de l'Intérieur,
pour être soumise au corps législatif, une pétition
tendant à une nouvelle division du département
en quatre arrondissements et quarante-deux cantons.

département de la Côte-d'Or, suivie d'une table alphabétique, Dijon, Frantin, an IV, in-8.

(1) *Dictionnaire géographique et méthodique de la République française en CXX départements*, par une société de géographes, 4e édition, Paris, Prudhomme, an VII, in-8, tome I, p. 150.

Le projet comprenait en outre les propositions suivantes :

1° Le canton de Dijon devait avoir quatre juges de paix, dont un pour les campagnes.

2° Ceux d'Arnay, Auxonne, Beaune, Châtillon, Montbard, Nuits, Saulieu, Semur, Seurre et Vitteaux, chacun deux juges de paix, dont un pour la ville, l'autre pour la campagne.

3° Tous les autres cantons ne devaient avoir qu'un juge de paix.

Ce projet resta deux ans sans être examiné.

Cependant, le 7 frimaire an VI (27 novembre 1797) le ministre de l'Intérieur adressa aux administrations centrales des départements une circulaire « pour leur faire remarquer combien la multiplicité des cantons affaiblissait, en le divisant trop, le mouvement d'impulsion parti du point central et pour leur demander un travail sur la réduction à opérer dans le nombre des cantons alors existant. »

Le ministre ajoutait : « Une seule règle doit vous déterminer, citoyens, dans cette opération importante, c'est le bien public. »

L'administration répondit, le 18 frimaire an VI (8 décembre 1797), « qu'elle avait tellement senti, dès le moment de la mise en activité du régime constitutionnel, tous les inconvénients qui résultaient du trop grand nombre de cantons, et de la défectuosité de leur délimitation, qu'elle s'oc-

cupa sur-le-champ d'un travail relatif à leur réduction ; que ce travail fut adressé au ministère
le 5 nivôse an IV (26 décembre 1795), que le silence
gardé sur cette communication avait déterminé
l'administration à prendre le 11 de ce mois (1er décembre) un arrêté destiné à être adressé directe-
ment au corps législatif ; que cette mesure était
sur le point de recevoir son exécution lorsque la
lettre du 7 frimaire (27 novembre) lui était par-
venue. »

Pour répondre au désir du ministre, on lui
envoie une carte du département sur laquelle
était tracée la nouvelle division (1).

Mais les choses restèrent encore en cet état
pendant plus de deux ans. Enfin, la loi du 28
pluviôse an VIII (17 février 1800) donna en
partie satisfaction aux pétitionnaires en divisant
le département en quatre arrondissements, tout
en maintenant les quatre-vingt-six cantons.

L'arrêté des consuls du 17 vendémiaire an X
(9 octobre 1801) compléta cette mesure en éta-
blissant, comme nous l'avons dit plus haut, les
divisions qui subsistent encore aujourd'hui :
quatre arrondissements, trente-six cantons, et
sept cent dix-sept communes, réduites successivement à sept cent quatorze.

(1) Arch. départ. de la Côte-d'Or, M. 9, liasse 2, coté 2.

DOCUMENTS A CONSULTER

I

Procès-verbal de délimitation du département de Dijon
(9 février 1790).
(Arch. départ. de la Côte-d'Or, M. 9, liasse 1, cote 1).
7 districts, 86 cantons, 762 paroisses.

Ce document contient la liste de toutes les communes du
département, par canton et de tous les cantons par district.

1° District d'Arnay-le-Duc, 9 cantons, 84 paroisses.

Arconcey, Arnay-le-Duc, Chateauneuf, Liernais, Marcheseuil, Mont-Saint-Jean, Pouilly-en-Auxois, Sombernon, Viévy.

2° District de Beaune, 13 cantons, 78 paroisses.

Argilly, Beaune, Bligny-sur-Ouche, Bouze, Corgoloin, Corpeau, Ivry, Merceuil, Meursanges, Meursault, Nolay, Savigny, Veuvey.

3° District de Châtillon-sur-Seine, 13 cantons, 125 paroisses.

Aignay-le-Duc, Aisey-le-Duc, Autricourt, Châtillon, Laignes, Minot, Molème, Montigny-sur-Aube, Recey-sur-Ource, Savoisy, Vanvey, Villaine, Villiers-Patras.

4° District de Dijon, 18 cantons, 170 paroisses.

Arc-sur-Tille, Binges, Dijon, Fleurey, Genlis, Gevrey, Lantenay, Messigny, Mirebeau, Nuits, Plombières, Pontailler, Quemigny, Rouvres, Saint-Julien, Savouges, Talmay, Vergy.

5° District d'Is-sur-Tille. 12 cantons, 89 paroisses.

Beaumont, Bèze, Fontaine-Française, Gemeaux, Grancey,

Is-sur-Tille, La Margelle, Montigny, Saint-Seine-l'Abbaye, Salives, Saulx-le-Duc, Selongey.

6º District de Saint-Jean-de-Losne. 7 cantons, 69 paroisses.

Aiserey, Auxonne, Bonnencontre, Labergement-le-Duc, Pluvault, Saint-Jean-de-Losne, Seurre.

7º District de Semur-en-Auxois. 14 cantons, 147 paroisses.

Baigneux-les-Juifs, Bussy-le-Grand, Epoisses, Flavigny, Frolois, Montbard, Moutier-Saint-Jean, Normier, Précy-sous-Thil, Rouvray, Salmaise, Saulieu, Semur-en-Auxois, Vitteaux.

II

ALMANACH DU DÉPARTEMENT DE LA CÔTE-D'OR, POUR L'AN 3e DE LA LIBERTÉ. Dijon, Causse, 1792.

7 districts, 86 cantons, 723 paroisses.

Même énumération que dans la pièce précédente. Les cantons sont présentés par ordre de district, et le nom de chaque paroisse, dont le nombre est réduit à 723, est accompagné de la nomenclature des hameaux qui en font partie.

III

TABLEAU DRESSÉ EN EXÉCUTION DE LA CIRCULAIRE MINISTÉRIELLE DU 19 FÉVRIER 1793.

(Arch. départ. de la Côte-d'Or, M. 9, liasse 1, cote 21).

7 districts, 86 cantons, 723 municipalités.

Arnay. 9 cantons, 82 communes.
Beaune. 13 cantons, 78 communes.
Châtillon. 13 cantons, 107 communes.

Dijon. 18 cantons, 154 communes.

Is-sur-Tille. 12 cantons, 79 communes.

Saint-Jean-de-Losne. 7 cantons, 69 communes.

Semur. 14 cantons, 154 communes.

Mêmes énonciations que dans le procès-verbal de délimitation du département, sauf pour le nombre des municipalités.

IV

DÉPARTEMENT DE LA CÔTE-D'OR. NOMENCLATURE DES CANTONS ET COMMUNES, in-4°, s. l. n. d., 68 pages.
(antérieure à l'an IV, vers 1795).

(*Arch. départ. de la Côte-d'Or, M. 9, liasse 2, cote 6*).
7 districts, 90 cantons, 735 municipalités.

La liste des cantons est dressée dans l'ordre alphabétique, sans distinction de district. Les villes d'Auxonne, Beaune, Dijon et Semur ont chacune deux cantons, l'un *intra*, l'autre *extra-muros*, ce qui explique le chiffre de 90. Les communes sont désignées sous le nom qu'elles ont porté pendant la période révolutionnaire. Cette publication paraît être un document officiel.

V

NOMENCLATURE DES CANTONS, COMMUNES, HAMEAUX ET ÉCARTS DU DÉPARTEMENT DE LA CÔTE-D'OR, SUIVIE D'UNE TABLE ALPHABÉTIQUE. Dijon, Frantin, an IV (1795).
7 districts, 90 cantons, 735 communes.

Cette nomenclature est la reproduction de la précédente, à laquelle on a ajouté les hameaux et écarts.

VI

Dictionnaire géographique et méthodique de la République Française. Paris, Prudhomme, an VII (1799).

7 districts, 88 cantons, 724 municipalités.

L'article relatif au département de la Côte-d'Or indique 88 cantons, savoir, les 86 cantons contenus dans les premières nomenclatures, plus ceux de Volnay, district de Beaune, et Jouhey, district d'Arnay, qui ne figurent nulle part ailleurs.

VII

Projet proposé par l'administration départementale de la Côte-d'Or en l'an IV (1795).
(*Arch. départ. de la Côte-d'Or, M. 9, liasse 2, cote 2*).
4 arrondissements, 42 cantons.

1° Arrondissement de Dijon, 15 cantons :
Arc-sur-Tille, Auxonne, Belledéfense, ci-devant Saint-Jean-de-Losne, Dijon, Fleurey, Fontaine-Française, Genlis, Gevrey, Is-sur-Tille, Messigny, Mirebeau, Pontailler, Seine-en-Montagne, ci-devant Saint-Seine-l'Abbaye, Selongey, Sombernon.
2° Arrondissement de Beaune, 10 cantons :
Arnay, Beaune, Bligny-sur-Ouche, Corberon, Meursault, Montfranc ci-devant Chateauneuf, Nolay, Nuits, Pouilly, Seurre.
3° Arrondissement de Châtillon-sur-Seine, 7 cantons.
Aignay, Baigneux, Belan, Châtillon, Laignes, Recey, Salives.
4° Arrondissement de Semur. 10 cantons.
Epoisses, Flavigny, Liernais, Montbard, Mont-Serein

ci-devant Mont-Saint-Jean, Précy, Rouvray, Saulieu, Semur, Vitteaux.

IX

Loi du 28 pluviose an VIII (17 février 1800).
4 arrondissements, 86 cantons, 717 communes.

1° Arrondissement de Châtillon, 14 cantons.

Cet arrondissement est composé des 13 cantons de l'ancien district de Châtillon, auxquels on a ajouté celui de Baigneux, distrait de celui de Semur.

2° Arrondissement de Semur, 13 cantons.

Il est composé de l'ancien district de Semur (14 cantons), auquel on a retranché celui de Baigneux, pour l'ajouter à l'arrondissement de Châtillon.

3° Arrondissement de Dijon, 33 cantons.

Comprenant les anciens cantons du district de Dijon (18), moins celui de Nuits, qui a été réuni à l'arrondissement de Beaune,   17

Tous les cantons du district d'Is-sur-Tille,   12

Les cantons d'Aiserey, Auxonne et Pluvault, distraits du district de Saint-Jean-de-Losne,   3

Et le canton de Sombernon, tiré de celui d'Arnay.   1

Total.   33

4° Arrondissement de Beaune, 26 cantons.

Il est composé des 13 cantons de l'ancien district de ce nom,   13

Du district d'Arnay-le-Duc (9 cantons), moins celui de Sombernon qui a été réuni à l'arrondissement de Dijon,   8

Des cantons de Bonnencontre, Labergement-les-Seurre, Saint-Jean-de-Losne et Seurre, tirés du district de Saint-Jean-de-Losne,   4

Enfin du canton de Nuits, tiré du district de Dijon.   1

Total.   26

X

ARRÊTÉ DES CONSULS DU 17 VENDÉMIAIRE AN X
(9 octobre 1801).

4 arrondissements, 36 cantons, 717 communes.

1° Arrondissement de Dijon, 14 cantons.

Dijon *Est*, Dijon *Ouest*, Dijon *Nord*, Auxonne, Fontaine-Française, Genlis, Gevrey-Chambertin, Grancey-le-Château, Is-sur-Tille, Mirebeau, Pontailler-sur-Saône, Saint-Seine-l'Abbaye, Selongey, Sombernon.

2° Arrondissement de Beaune, 10 cantons.

Beaune *Nord*, Beaune *Sud*, Arnay-le-Duc, Bligny-sur-Ouche, Liernais, Nolay, Nuits, Pouilly-en-Auxois, Saint-Jean-de-Losne, Seurre.

3° Arrondissement de Châtillon, 6 cantons.

Aignay-le-Duc, Baigneux-les-Juifs, Châtillon-sur-Seine, Laignes, Montigny-sur-Aube, Recey-sur-Ource.

4° Arrondissement de Semur, 6 cantons.

Flavigny, Montbard, Précy-sous-Thil, Saulieu, Semur, Vitteaux.

III. — Nomenclature des communes et hameaux du département de la Côte-d'Or ayant changé de nom pendant la Révolution.

L'un des premiers actes de l'Assemblée constituante fut de supprimer les anciennes provinces et de diviser la France en départements. Cette modification, destinée à apporter l'unité dans l'administration de toutes les parties du royaume, précédemment régies par des usages particuliers, avait aussi pour but de faire oublier certaines dénominations qui rappelaient les traditions d'un régime sur le point de disparaître.

Ce changement devait forcément en entraîner d'autres, notamment dans l'appellation des villes et villages.

Le premier pas, dans cette voie, fut marqué par les lettres patentes du 23 juin 1790, qui autorisaient les villes, bourgs, villages et paroisses auxquels les ci-devant seigneurs avaient donné leur nom de famille, à reprendre leurs anciennes dénominations (1). C'est en exécution de ce décret dans le département de la Côte-

(1) Arch. départ. de la Côte-d'Or, K², 74.

d'Or, que le village de Tarsul, qui s'appelait
Le Compasseur-Créqui-Montfort, depuis 1758,
reprit son ancien nom, qu'il conserva depuis.

Plus tard, comme conséquence du même principe, mais en accentuant davantage la mesure,
la Convention nationale décréta, le 22 février
1793, que tous les noms des communes pouvant
rappeler la royauté ou la féodalité devaient être
remplacés.

Pour accélérer l'exécution de cette mesure le
Comité d'Instruction publique adressa, le 17 mars,
aux administrateurs des départements, une circulaire les engageant à demander aux communes
et aux Sociétés populaires « la liste des noms les
plus convenables aux localités topographiques
de chaque district » (1).

Nous avons retrouvé la liste, datée du 17 avril
1793, des municipalités du district de Châtillon
qui, au nombre de sept, modifièrent leur nom à
la suite de ce décret. C'est alors qu'Aignay-le-
Duc devint Aignay-Côte-d'Or ; Saint-Broing-
les-Moines, Saint-Broing-les-Roches, Gurgy-le-
Château, Gurgy-la-Pierre, etc. (2).

Il semble que les populations n'aient pas été
très sympathiques à cette mesure, car, le 9 octobre, répondant à un nouvel appel du Comité

(1) Citée par M. Marc, dans l'*Index des noms révolutionnaires
de la Côte-d'Or*.
(2) Arch. départ. de la Côte-d'Or, M. 9, liasse 3, cote 1.

de division de la Convention daté du 30 septembre, le directoire du département écrivait :
« Nous ne connaissons que neuf communes seulement, ayant changé de nom depuis 1789 » (1).
Ce renseignement n'était pas exact, car, trois noms seulement, des sept indiqués dans le document du 17 avril précédent, étaient reproduits dans cette seconde liste. Ce n'était donc pas neuf, mais treize communes, au moins, qui avaient transformé leur nom à cette époque.

La Convention ne s'arrêta pas dans cette voie. Le 10 brumaire an II (31 octobre 1793) elle substitua la dénomination de commune, à celles de villes, bourgs et villages qui étaient supprimées (2). Quelques jours auparavant, le 25 vendémiaire (16 octobre), elle avait décrété que les communes dont les noms pouvaient rappeler les souvenirs de la royauté, de la féodalité ou de la superstition devaient changer de nom et faire passer, dans le courant du mois de brumaire, leurs délibérations au comité de division (3).

En exécution de ce décret, les représentants du peuple près l'armée du Rhin prirent, à Strasbourg, le 17 brumaire an II (7 novembre 1793)

(1) Arch. départ. de la Côte-d'Or, M. 6, liasse 53.
(2) Aulard, *Les Noms des communes pendant la Révolution,* ap. *la Révolution Française,* tome XXXIV, p. 228.
(3) Aulard, *op. cit.,* p. 231.

un arrêté à la suite duquel le Conseil général du département de la Côte-d'Or : « Considérant que les citoyens de ce département sont trop instruits pour être les derniers à s'élever contre les préjugés du fanatisme et contre les abus d'un culte dominant et tiranique (*sic*) qu'il était urgent de profiter de l'enthousiasme qu'inspire la Révolution-république, pour communiquer au peuple les sentiments d'indifférence que mérite le luxe introduit dans les temples qui devraient être l'asile de la simplicité et de la pauvreté; que les signes extérieurs d'opinions religieuses et quelconques sont des signes d'insulte pour les citoyens qui ont une opinion contraire, décida que les conseils généraux des communes qui portent le nom de *Saint*, procéderaient sans délai au changement de leur dénomination, et adresseraient, par la voie du district, au département, extrait de leur délibération. »

A la suite de cet arrêté, qui porte la date du 26 brumaire an II (16 novembre 1793) (1) un grand nombre de communes modifièrent leur nom. Nous citerons, dans la suite, quelques-unes des délibérations relatives à cet objet.

Pour faciliter l'exécution de cette mesure, le Ministre de l'Intérieur adressa, le 3 nivôse an II (23 décembre 1793) aux administrateurs du Di-

(1) Arrêté relatif à l'exercice public du culte (Arch. départ. de la Côte-d'Or, M. 6, liasse 53 et K², n° 5, fol. 59).

rectoire, les épreuves de l'état des municipalités du département (1), avec invitation de les corriger. « Indépendamment des changements typographiques, écrit le ministre, il en est d'un autre genre et qui ne sont pas moins essentiels à observer ; je veux parler des nouveaux noms substitués à ceux désavoués par le Républicanisme et la raison. Il est nécessaire que j'aie connaissance de ces changements. Vous voudrez bien en faire exactement mention, dans la colonne d'observation portée sur chacune des feuilles (2). »

Le 6 nivôse (26 décembre), l'administration du département transmettait ces mêmes instructions aux directoires de districts (3).

Ce travail avançait lentement dans celui de Dijon, qui répondait le 10 nivôse (30 décembre) : « Il serait très satisfaisant pour nous de vous apprendre que votre arrêté a été partout exécuté ; il le sera sans doute ; mais jusqu'à présent, malgré nos soins, six municipalités seulement y ont satisfait : Saint-Sauveur, Saint-Bernard, Magny-Saint-Médard, Saint-Léger, Saint-Apollinaire et Sainte-Marie (4). »

On allait plus vite dans celui de Semur qui

(1) De format in-folio.
(2) Arch. départ. de la Côte-d'Or, M. 9, liasse 3, cote 21.
(3) Id., M. 9, liasse 3, cote 1.
(4) Id., Ibid.

envoyait une liste de dix-sept noms de communes et sept de hameaux modifiés. « Les communes, hameaux et métairies, disent les administrateurs dans leur rapport, dont les noms rappelaient des idées féodales ou superstitieuses, ont manifesté leurs vœux pour suivre les exemples qui leur sont donnés par plusieurs autres communes de la République et prendre une dénomination plus analogue à leur site et à la régénération du peuple français. »

Le directoire du département, en applaudissant au civisme de ces communes, « Considérant qu'on ne saurait trop se hâter d'effacer de dessus le territoire des hommes libres et affranchis des préjugés, tous les vestiges du fanatisme et de la superstition, et les empreintes meurtrières du despotisme et de la tyrannie, arrête que les changements de noms proposés sont approuvés et que son arrêté sera transmis au Comité de division de la Convention nationale à l'effet d'obtenir un décret qui confirme définitivement les nouvelles dénominations » (29 pluviôse an II, 17 février 1794) (1).

Dès le 9 pluviôse (28 janvier 1794) l'administration du département avait renvoyé corrigées, au ministre de l'Intérieur, les épreuves de

---

(1) Arch. départ. de la Côte-d'Or, M. 9, liasse 3, cote 4.

l'Etat des municipalités (1). Elles contenaient seulement cinquante-cinq noms modifiés, tandis que les différents documents imprimés ou manuscrits que nous avons consultés portent ce nombre à quatre-vingt-sept, sans compter quatorze hameaux ou écarts.

Cette même liste, demandée par les membres du comité de Salut public le 14 germinal an II (3 avril 1794) lui fut adressée le 28 du même mois (17 avril) (2).

Dans le but de régulariser ce mouvement de débaptisation, les comités réunis d'instruction et de division formèrent une commission qui examina la question de ces modifications. Elle dressa même une liste des désinences qu'elle proposait, pour servir à la formation des nouveaux noms. On ignore si ces règles furent publiées. Dans tous les cas, on ne les suivit pas et chaque commune agit à sa fantaisie (3).

Ces modifications, faites sans ordre et à la hâte, devaient forcément entraîner des inconvénients. Ils apparaissent avec évidence dans une lettre adressée le 16 pluviôse an II (4 février 1794) aux administrateurs de district, par la commission des subsistances. En voici le texte :

(1) Arch. départ. de la Côte-d'Or. Ce travail fut publié sous ce titre : *Etat généraldes départements, districts, cantons et communes de la République Française*. Sans lieu, an II, in-folio de 550 pages.

(2) Ibid., M. 9, liasse 1, cote 24 et K², 32.

(3) Aulard, *op. cit.*, p. 232.

Paris, le 16 pluviôse an II\ de la République
française (4 février 1794).

« Citoyens, en renonçant à porter des noms qui rappelaient les idées superstitieuses ou féodales, beaucoup de
districts et de communes ont sans doute voulu prouver
qu'ils étaient franchement dévoués à la cause de la liberté ;
cette preuve, qui les honore est, sans doute, un moyen de
plus pour effrayer les tyrans, à qui elle doit apprendre que
les Français n'ont pas juré en vain une haine implacable
au despotisme et à la superstition ; mais nous ne saurions
vous dissimuler que ces changements de nom, auxquels
nous applaudissons, apportent quelquefois, dans nos cor-
respondances, un embarras et des difficultés qui pourraient
être préjudiciables à la chose publique. Des noms pareils,
ou à peu près, ont été adoptés par différents districts ou
communes et, lorsque leurs lettres nous arrivent, nous ne
savons souvent pas où nous devons adresser les réponses.
Pour obvier à ces inconvénients, ayez soin, quand vous
nous écrirez, de nous indiquer le nom de votre département ; que vos communes soient invitées à ne pas manquer
de mettre sur leurs lettres, et le nom de leur district, et
celui de leur département, par ce moyen, il n'y aura ni
retard, ni lacune dans la correspondance.

Salut et fraternité,

Le Président de la Commission,

Signé : Brunet (1).

De même, l'administration des postes, que gê-
naient tant de nouveautés incohérentes, invitait
la Commission à faire un Dictionnaire des noms
nouveaux, qui ne semble pas avoir été publié (2).

(1) Arch. départ. de la Côte-d'Or, M. 9, liasse 3, cote 1.
(2) Aulard, *op. cit.*, p. 232.

4*

Ces dénominations nouvelles, qui ne pénétrèrent pas plus dans l'esprit des masses que la décade et la division décimale de l'heure, ne figurent guère qu'en tête des papiers administratifs et sur le cachet des mairies. La plupart disparurent pendant la réaction thermidorienne (1). « On est presque honteux aujourd'hui, lit-on, dans la *Gazette du jour*, du 11 nivôse an III (31 décembre 1794), des noms qu'on s'est donné dans l'effervescence révolutionnaire.... Montmartre cesse d'être Mont-Marat.... (2). »

Aussi, soit que quelques-uns de ces noms aient été tués par le ridicule, soit qu'ils aient été légalement modifiés par décret impérial, presque tous avaient disparu lorsque l'ordonnance royale du 8 juillet 1814 mit fin à cet état de choses en autorisant, d'une manière générale, les communes à reprendre le nom qu'elles portaient avant 1790. A de rares exceptions près, toutes profitèrent de la latitude qui leur était accordée.

Diverses études sur ce même sujet ont été publiées depuis quelques années ; la première en date est celle de M. Gustave Bord (3). L'auteur, prenant pour base de son travail, les procès-verbaux de la Convention, a classé alphabétiquement tous les noms de lieu révolutionnaires

(1) Aulard, *op. cit.*, p. 234.
(2) Cité par Aulard, *op. cit.*, p. 234.
(3) Ap. *Revue de la Révolution*, 3e série des documents inédits.

qu'il y a rencontrés, en plaçant le nom ancien en regard du nouveau (1).

La seconde est celle de M. Figuères, qui porte pour titre : *Les noms révolutionnaires des communes de France* (2). C'est une liste alphabétique, par département, des anciens noms de communes en regard desquels sont placés les nouveaux.

Nous n'avons pu nous procurer la première de ces études. Dans la seconde, nous avons reconnu quelques omissions, du moins en ce qui concerne le département de la Côte-d'Or. M. Figuères n'indique que soixante-quinze communes et huit hameaux ayant modifié leur nom; cette liste est incomplète, ainsi que nos recherches personnelles l'ont démontré.

Le *Bulletin de la Société d'Étude des Hautes-Alpes* a donné la liste des noms des diverses communes de ce département pendant la Terreur (3).

M. Lhermite, archiviste départemental, a pu-publié aussi les *Noms révolutionnaires des communes de la Corrèze* (4).

Indépendamment des documents conservés aux Archives départementales de la Côte-d'Or, nous

(1) Aulard, *op. cit.*, p. 233.

(2) Paris, au siège de la Société de l'histoire de la Révolution française, 1901, in-8º.

(3) *Bulletin*, 13º année, 2e série, 1894, p. 264.

(4) Limoges, Vᵛᵉ Ducourtieux, 1894, in-16, de 7 pages.

avons consulté pour la rédaction de notre travail, d'abord la *Nomenclature des cantons, communes, hameaux et écarts du département de la Côte-d'Or*, publiée en l'an IV (1), puis la *Nomenclature historique des communes, hameaux, écarts, lieux détruits, cours d'eau et montagnes de la Côte-d'Or*, par M. Joseph Garnier, archiviste de ce département (2) et enfin l'*Index des noms révolutionnaires des communes de la Côte-d'Or*, récemment publié par le regretté M. Henri Marc.

Nous nous plaisons à rendre pleine et entière justice au mérite de ce travail consciencieux, mais qu'il est difficile de consulter dans le supplément du Journal où il a paru (3).

Aussi avons-nous pensé qu'il ne serait pas inutile de le compléter à l'aide de documents inédits (4), de le refondre, de le présenter sous

(1) Dijon, Frantin, an IV, in-8°.
(2) Dijon, Jobard, 1869, in-8°.
(3) Le *Bien Public de Dijon*, Suppléments aux n°° des 22 et 29 septembre, 13 et 20 octobre 1901.
(4) D'après M. Marc, quatre-vingts communes et onze hameaux seulement, auraient changé de nom, pendant la période révolutionnaire, dans le département de la Côte-d'Or. Nous avons porté ce nombre à quatre-vingt-sept pour les communes et quatorze pour les hameaux. Sans compter les communes ou hameaux de Bessey-les-Citeaux, Corpoyer-la-Chapelle, Gilly-les-Citeaux, Noiron-les-Citeaux, Renève-l'Eglise, Renève-la-Ville, Tart-l'Abbaye, Tart-le-Châtel, Tart-la-Ville et Voudenay-l'Eglise, portant des noms réprouvés par les lois et décrets, et pour lesquelles nous n'avons trouvé aucune trace de changement.

la forme alphabétique et de le faire suivre d'une table destinée à faciliter les recherches.

Ce sera le complément naturel de notre étude historique sur le département de la Côte-d'Or.

§ 1. — COMMUNES

1. **Aignay-le-Duc**, chef-lieu de canton, A. de Châtillon-sur-Seine. — **Aignay-Côte-d'Or**, chef-lieu de canton, D. de Châtillon-sur-Seine (E. N. M. F.) (1). Ce changement de nom est constaté par un certificat des administrateurs composant le Directoire du district de Châtillon-sur-Seine, du 17 avril 1793 (2), et confirmé par une lettre du Directoire du département de la Côte-d'Or au comité de division de la Convention, du 9 octobre suivant (3).

2. **Aisey-le-Duc**, C. et A. de Châtillon-sur-Seine. — **Aisey-sur-Seine**, chef-lieu de canton, D. de Châtillon-sur-Seine (E. N. M. F.). Changement de nom constaté et confirmé comme le précédent. Le nom d'Aisey-sur-Seine est resté à cette commune.

3. **Antigny-la-Ville**, C. d'Arnay-le-Duc, A. de Beaune. — **Antigny-la-Montagne**, C. et D. d'Arnay-sur-Arroux (N. M. F.). Le nom ancien est maintenu dans les *Épreuves*.

4. **Arnay-le-Duc**, chef-lieu de canton, A. de Beaune. — **Arnay-sur-Arroux**, chef-lieu de canton et de district

(1) Explication des abréviations : C. Canton. A. Arrondissement. D. District. E. Épreuves de *l'État général des départements, districts, cantons et communes de la République française*, an II. N. *Nomenclature des communes de la Côte-d'Or* publiée en l'an IV. — M. *Index* de M. Henri Marc. — F. *Index* de M. Figuères.

(2) Arch. départ. de la Côte-d'Or, M. 9, liasse 3, cote 4.

(3) Id. M. 6., liasse 53.

(N. M. F.). L'ancien nom est maintenu dans les *Épreuves*. Une délibération de la municipalité d'Arnay-le-Duc, du 19 avril 1791, décide que le nom d'Arnay-sur-Arroux sera substitué à celui d'Arnay-le-Duc et, à cet effet, elle adresse une requête à l'Assemblée nationale le 28 du même mois (1); une lettre du directoire du département au comité de Division, du 9 octobre 1793, confirme ce changement (2).

5. Athie-sous-Mont-Saint-Jean, ou **Athie-les-Moutiers,** C. de Montbard, A. de Semur-en-Auxois, **Athie** (N.), *alias* **Athie-sous-Réome** (M. F.), C. de Réome, D. de Semur-Côte-d'Or. Omis dans les *Épreuves*.

6. Beire-le-Chatel, C. de Mirebeau, A. de Dijon. — **Grand-Beire,** C. de Val-Julien, D. de Dijon (M.) Les *Épreuves* de l'État général de l'an II et la *Nomenclature* de l'an IV maintiennent le nom ancien. M. Figuères omet cette commune. L'une des parties de la paroisse qui portait le nom de Beire-le-Chatel, prit celui de Grand-Beire qui devint celui de la commune. L'autre changea son appellation de Beire-l'Église en *Petit-Beire* (3).

7. Bessey-la-Cour, C. de Bligny-sur-Ouche, A. de Beaune. — **Bessey-la-Fontaine,** C. de Bligny-sur-Ouche, D. de Beaune (E. N. M. F.).

8. Bure-les-Templiers, C. de Recey-sur-Ource, A. de Châtillon-sur-Seine. — **Bure,** C. de Recey-sur-Ource, D. de Châtillon-sur-Seine.

Les *Épreuves* de l'État général donnent le nom de Bure. La *Nomenclature* de l'an IV maintient le nom de Bure-les-Templiers. MM. Mart et Figuères omettent cette commune.

9. Châteauneuf, C. de Pouilly-en-Auxois, A. de Beaune.

----

(1) Arch. départ. de la Côte-d'Or, K², n° 11.
(2) Id., M. 6, liasse 53.
(3) Bourgeois, *Beire-le-Châtel et ses anciens fiefs*, p. 15.

— **Montfranc**, chef-lieu de canton, D. d'Arnay-sur-Arroux (E. N. M. F.).

Le 5 ventôse an V (23 février 1797) l'administration départementale de la Côte-d'Or mandait aux administrations municipales des cantons de Montfranc et de Réome qui demandaient à reprendre leurs noms de Châteauneuf et de Moutier-St-Jean : « Ces noms ont été donnés en vertu d'une loi qui n'a pas été révoquée ; vous ne devez employer dans vos actes et dans votre correspondance que les noms dont nous nous servons nous-mêmes ; dans le cas contraire, nous ne recevrons de vous aucune pétition, lettres ou délibérations (1). »

10. **Chaudenay-la-Ville**, C. de Bligny-sur-Ouche, A. de Beaune. — **Chaudenay-la-Montagne**, C. de Montfranc, D. d'Arnay-sur-Arroux (E. N. M. F.).

11. **Chaudenay-le-Château**, C. de Bligny-sur-Ouche, A. de Beaune. — **Chaudenay-la-Roche**, C. de Montfranc, D. d'Arnay-sur-Arroux (N. M. F.). Les *Épreuves* appellent cette commune **Chaudenay-la-Vertu**.

12. **Chevigny-Saint-Sauveur**, C. de Dijon *est*, A. de Dijon. — **Chevigny-Sauveur**, C. de Rouvres, D. de Dijon (N. M. F.). Le nom ancien est maintenu dans les *Épreuves*.

13. **Compasseur-Créqui-Montfort**. — C. d'Is-sur-Tille, A. de Dijon. — **Tarsul**, C. de Saulx-en-Montagne, D. d'Is-sur-Tille (E. N. M. F.).

Ce village, qui portait autrefois le nom de Tarsul, fut appelé Compasseur-Créqui-Montfort, nom du seigneur du lieu, en vertu de lettres patentes du mois d'octobre 1758. Il a repris son ancien nom de Tarsul, par application du décret du 20 juin 1790, et l'a conservé depuis. C'est sous cette dénomination qu'il est indiqué dans la lettre du direc-

(1) Arch. dép. de la Côte-d'Or, M. 9, liasse 3, cote 1.

toire du département de la Côte-d'Or, au comité de division, du 9 octobre 1793 (1).

14. Corcelles-les-Citeaux, C. de Gevrey-Chambertin, A. de Dijon. — **Corcelles-aux-Bois**, C. de Savouges, D. de Dijon (M.), *alias* **Corcelles-aux-Bois-les-Citeaux** (N.) ; omis dans les *Épreuves* et par M. Figuères.

15. Curtil-Saint-Seine, C. de Saint-Seine-l'Abbaye, A. de Dijon. — **Curtil**, C. de Seine-en-Montagne, D. d'Is-sur-Tille (N. M. F.) ; omis dans les *Épreuves*.

16. Cussy-le-Châtel, C. d'Arnay-le-Duc, A. de Beaune. — **Cussy-sur-Arroux**, C. et D. d'Arnay-sur-Arroux (N. M. E) ; omis dans les *Épreuves*.

17. Fain-les-Moutier-Saint-Jean, C. de Montbard, A. de Sémur-en-Auxois, aujourd'hui **Fain-les-Moutiers**. — **Fain-les-Réome**, C. de Réome, D. de Semur (E. N. M. F.). Indiqué dans une délibération du Directoire du District de Semur du 29 pluviôse an II (27 février 1794) (2). Le hameau de Saint-Just, dépendant de cette commune, prend le nom de Bellevue-sur-Réome (même délibération).

18. Grésigny-sur-Sainte-Reine, C. de Flavigny, A. de Semur-en-Auxois, aujourd'hui **Grésigny**. — **Gresigny-sur-Alise**, C. de Bussy-le-Grand, D. de Semur-Côte-d'Or (E. N.) ; omis par MM. Figuères et Marc.

19. Gurgy-la-Ville, C. de Recey-sur-Ource, A. de Châtillon-sur-Seine. — **Gurgy-la-Commune**, C. de Recey-sur-Ource, D. de Châtillon-sur-Seine (N. M. F.) ; omis dans les *Épreuves*.

20. Gurgy-le-Château, C. de Recey-sur-Ource, A. de Châtillon-sur-Seine. — **Gurgy-la-Pierre**, C. de Recey-sur-Ource, D. de Châtillon-sur-Seine (E. N. M. F.). Changement de nom constaté par un certificat des administrateurs du district de Châtillon-sur-Seine, du 17 avril 1793 (3).

(1) Arch. dép. de la Côte-d'Or, M. 6, liasse 53.
(2) Id., M. 9, liasse 3, cote 4.
(3) Id., Ibid.

21. Labergement-le-Duc, C. de Seurre, A. de Beaune. — **Labergement-les-Seurre**, chef-lieu de canton, D. de Belledéfense (E. N. M. F.). Ce nom, qui est resté à la commune, est signalé dans la lettre du Directoire du département de la Côte-d'Or, au comité de division du 9 octobre 1793 (1).

22. La Rochepot, C. de Nolay, A. de Beaune. — **La Roche-Fidèle** (E. M. F.), *alias* **La Borne-Fidèle** (N.), C. de Nolay, D. de Beaune. Autrefois la Roche-Nolay : cette seigneurie appartenait, à la fin du xve siècle, à la famille Pot, qui devint célèbre en Bourgogne et lui donna son nom.

23. Lucenay-le-Duc, C. de Montbard, A. de Semur. **Lucenay** (N. M.), *alias* **Lucenay-en-Montagne** (E. F.), C. de Bussy-le-Grand, D. de Semur.

24. Magny-la-Ville, C. et A. de Semur. — **Magny-les-Semur**, C. de Semur *extra-muros*, D. de Semur. (E.). Indiqué par erreur dans la *Nomenclature* de l'an IV, sous le nom de *Mailly-la-Ville* ; omis par MM. Marc et Figuères.

25. Magny-Saint-Médard, C. de Mirebeau, A. de Dijon. — **Magny-sur-l'Albane**, C. de Mirebeau, D. de Dijon (E. N. M. F.). Par délibération du 18 frimaire an II (8 décembre 1793 « le Conseil général de la commune de Magny-Saint-Médard changea le nom de ce village en celui de Magny-sur-l'Albane, nom d'une petite rivière passant à côté dudit Magny » (2).

26. Les Maillys, C. d'Auxonne, A. de Dijon. — **Mailly-les-Ormeaux**, C. d'Auxonne, D. de Belledéfense. Par une délibération en date du 16 juin 1793 (3), la commune des

(1) Arch. dép. de la Côte-d'Or, M. 9, liasse 53.
(2) Id., ibid., M. 9, liasse 3, cote 1.
(3) Cette délibération fut transmise par le directoire du district de Belledéfense, le 15 du 2e. mois de l'an II (5 novembre 1793), à l'administration départementale, qui la fit parvenir au comité d'instruction, le 6 nivôse suivant (26 décembre) en lui demandant de l'approuver.

Maillys, composée de quatre hameaux : Mailly-le-Château, Mailly-l'Église, Mailly-la-Ville et Mailly-le-Port, substitua au nom de Mailly-le-Château, celui de Mailly-les-Ormeaux, qui devint celui du chef-lieu de la commune (F.) (1). Mailly-l'Église devint Mailly-le-Mont, Mailly-la-Ville, Mailly-le-Bas. Mailly-le-Port conserva son nom.

Les *Épreuves* appellent cette commune *Mailly* tout court. La *Nomenclature* de l'an IV indique par erreur Mailly-le-Mont ci-devant Mailly-l'Église comme chef-lieu de la commune et les hameaux de Mailly-le-Bas, Mailly-les-Ormeaux et Mailly-le-Port comme dépendant de la commune de Magny-les-Auxonne. M. Marc omet le changement de nom du chef-lieu et ne cite que ceux des hameaux.

27. **Maisey-le-Duc**, C. et A. de Châtillon-sur-Seine. — **Maisey-sur-Ource** (N. M. F.), *alias* **Maisey-sur-Seine** (E.), C. et D. de Châtillon-sur-Seine. Changement de nom constaté par un certificat des administrateurs du district de Châtillon, du 17 avril 1793 (2).

28. **Marcilly-les-Mont-Saint-Jean**, aujourd'hui, **Marcilly-Ogny**, C. de Pouilly-en-Auxois, A. de Beaune, **Marcilly-les-Mont-Serein**, C. de Mont-Serein, D. d'Arnay-sur-Arroux (N. M. F.) ; omis dans les *Épreuves*.

29. **Montigny-Saint-Barthélemy**, C. de Précy-sous-Thil, A. de Semur-en-Auxois. — **Montigny-sur-Serein**, C. de Précy-sous-Thil, D. de Semur-Côte-d'Or (E. N. M. F.). Changement de nom proposé par le district de Semur et approuvé le 29 pluviôse an II (17 février 1794) par le directoire du département de la Côte-d'Or (3).

30. **Mont-Saint-Jean**, C. de Pouilly-en-Auxois, A. de

(1) Arch. dép. de la Côte-d'Or, M. 6, liasse 1, cote 3.
(2) Id., Ibid.
(3) Id., ibid.

Beaune. — **Mont-Serein**, chef-lieu de canton, D. d'Arnay-sur-Arroux (E. N. M. F.).

31. Moutier-Saint-Jean, C. de Montbard, A. de Semur-en-Auxois. — **Réome**, chef-lieu de canton, D. de Semur-Côte-d'Or (E. N. M. F.). Nom que portait cette commune avant la fondation de l'abbaye, vers le milieu du v° siècle. En l'an V (1797) l'administration départementale refusait à la municipalité de Réome l'autorisation de reprendre son ancien nom (1). V. Châteauneuf, n° 9.

32. Pagny-la-Ville, C. de Seurre, A. de Beaune. — **Pagny-le-Peuple**, C. de Seurre. D. de Belledéfense (N. M. F.) ; omis dans les *Épreuves*.

33. Pagny-le-Château, C. de Seurre, A. de Beaune. — **Pagny-la-Chapelle**, puis **Pagny-l'Égalité**, C. de Seurre, D. de Belledéfense (N. M. F.) ; omis dans les *Épreuves*.

Voici le document qui constate ces changements de dénominations :

« Liberté, Égalité. — De Pagny-l'Égalité, le 23 germinal an II (12 avril 1794) de la République française, une et indivisible, malgré les tyrans.

« L'administration municipale de Pagny-l'Égalité au citoyen agent national provisoire près le district de Saint-Jean-de-Losne,

« Notre commune sapelait, avant la révolution Pagny-Châteaux, après long la appelée Pagny-la-Chappelle. Comme tu s'est qu'il ne faut plus de Châteaux ni de Chappelle, en conséquence nous avons présenté une requête aux administrateurs du département pour obtenir que notre commune sapelasse pour à jamais *Pagny légalité*.

Signé : Javouhey, maire (2). »

Par décret du 8 janvier 1810, la commune de Pagny-

(1) Arch. dép. de la Côte-d'Or, M. 6, liasse 1, cote 3.
(2) Id., ibid.

l'Égalité a été autorisée à reprendre le nom de Pagny-le-Château, qu'elle portait avant la révolution (1).

34. Pouilly-en-Auxois, chef-lieu de canton, A. de Beaune. — **Pouilly**, chef-lieu de canton, D. d'Arnay-sur-Arroux (N. F.); omis dans les *Épreuves* et par M. Marc.

35. Quincy-le-Vicomte, C. de Montbard, A. de Semur-en-Auxois. — **Quincy-sur-Armançon**, C. de Montbard, D. de Semur-Côte-d'Or (N. M. F.); omis dans les *Épreuves*. Changement mentionné dans la lettre du directoire du département de la Côte-d'Or au comité de division, du 9 octobre 1793 (2).

36. Saint-Andeux, C. de Saulieu, A. de Semur-en-Auxois. — **Montribois**, C. de Rouvray, D. de Semur-Côte-d'Or (E. N. M. F.). Changement de nom proposé par le district de Semur et approuvé le 29 pluviôse an II (17 février 1794) par le directoire du départemement de la Côte-d'Or. — Par décret du 14 février 1813, la commune de Montribois a été autorisée à reprendre le nom de Saint-Andeux qu'elle portait avant la Révolution (3).

37. Saint-Anthot, C. de Sombernon, A. de Dijon. — **Anthot-la-Montagne**, C. de Sombernon, D. d'Arnay-sur-Arroux (N. M. F.); manque aux *Épreuves*.

38. Saint-Apollinaire, C. de Dijon *est*, A. de Dijon. — **Fontaine-Soyer**, C. de Dijon *extra muros*, D. de Dijon (E. N. M. F.). Le 18 frimaire an II (8 décembre 1793) le Conseil général de Saint-Apollinaire décide que « la commune se nommerait à l'avenir Fontaine-Soyer » (4); nom tiré d'une fontaine existant dans la partie basse du village.

39. Saint-Aubin, C. de Nolay, A. de Beaune. — **Auroux-la-Montagne** (N. M. F.). Les *Épreuves* donnent : **Ouroux-**

(1) Marc, *Index* V° *Pagny-le-Château*.
(2) Arch. dép. de la Côte-d'Or, M. 6, liasse 53.
(3) Marc, *Index* V° *Saint-Andeux*.
(4) Arch. dép. de la Côte-d'Or, M. 9, liasse, 3 cote 1.

la-Montagne, qui me semble la meilleure forme, ce village portant le nom d'Oroour au xiiie siècle (*Oratorium Sancti Albini*.

40. Saint-Bernard, C. de Nuits, A. de Beaune. — **Bretigny-la-Rue**, C. de Nuits, D. de Dijon (E. N. M. F.). Par délibération du 15 frimaire an II (15 décembre 1793) le Conseil général de Saint-Bernard décida que cette commune s'appellerait à l'avenir Bretigny-la-Rue (1), nom tiré de la ferme de Bretigny située sur son territoire.

41. Saint-Beury (actuellement **Beurizot**), C. de Vitteaux, A. de Semur. — **Bellevue-sur-Armançon** (E. N. M. F.), C. de Vitteaux, D. de Semur. Ce changement de nom, proposé par le district de Semur, a été approuvé le 29 pluviôse an II (17 février 1794) par le Directoire du département de la Côte-d'Or (2).

42. Saint-Broing-les-Moines, C. de Recey-sur-Ource, A. de Châtillon-sur-Seine. — Cette commune a successivement porté les noms suivants : **Saint-Broing-les-Roches**, suivant un certificat des administrateurs du district de Châtillon-sur-Seine, du 17 avril 1793 (3), **Broing-les-Roches** (E.N.M.F.). MM. Marc et Figuères donnent également, sans indiquer de sources, les formes : **Saint-Broing-les-Gurgy**, **Broing**, et **Fontaine-les-Roches**, C. de Minot, D. de Châtillon-sur-Seine.

43. Saint-Didier-en-Morvand, C. de Saulieu, A. de Semur-en-Auxois. — **Val-d'Arène**, C. de Saulieu, D. de Semur-Côte-d'Or. Changement de nom proposé par le district de Semur, et approuvé par arrêté du directoire du département de la Côte-d'Or du 29 pluviôse an II (17 février 1794) (N. M. F.). Le nom ancien est maintenu dans les

(1) Arch. dép. de la Côte-d'Or, M. 9, liasse 3, cote 1.
(2) Id., ibid.
(3) Id., ibid.

Épreuves, alias **Port-Chanteau** (1) ; Chanteau est un hameau de la commune de Saint-Didier.

44. **Saint-Euphrône,** C. et A. de Semur-en-Auxois. — **Choisy-les-Semur,** C. et D. de Semur-Côte-d'Or. Changement de nom approuvé comme le précédent (E. N. M. F.). Voir n° 43.

45. **Saint-Germain-de-Modéon,** C. de Saulieu, A. de Semur-en-Auxois. — **Modéon,** C. de Rouvray, D. de Semur-Côte-d'Or. Changement approuvé comme les précédents (E. N. M. F.). V. n°ˢ 43 et 44.

46. **Saint-Germain-la-Feuille,** aujourd'hui **Saint-Germain-Source-Seine,** C. de Flavigny, A. de Semur-en-Auxois. — **Source-Seine,** C. de Frolois, D. de Semur-Côte-d'Or. Approuvé comme les précédents (E. N. M. F.). V. n°ˢ 43, 44 et 45.

47. **Saint-Germain-le-Rocheux,** C. d'Aignay-le-Duc, A. de Châtillon-sur-Seine. — **Germain-le-Rocheux,** C. d'Aignay, D. de Châtillon-sur-Seine (N. M.), *alias* **Montagne-en-Bellevue** (M. F.). Omis dans les *Épreuves.*

48. **Saint-Germain-les-Senailly,** C. de Montbard, A. de Semur-en-Auxois. — **Mont-sur-Armançon,** C. de Réome, D. de Semur-Côte-d'Or (E. N. M. F.). Changement de nom approuvé par un arrêté du Directoire du département de la Côte-d'Or, du 29 pluviôse an II (17 février 1794) (2).

49. **Saint-Hélier,** C. de Vitteaux, A. de Semur-en-Auxois. — **Valdose,** alias **Val-d'Oze,** C. de Salmaise, A. de Semur-Côte-d'Or (N. M. F.) ; omis dans les *Épreuves.*

La métairie de la *Petite-Sainte-Reine,* dépendant de cette commune, reçut le nom de *Petite-Alize.* Ces changements de noms ont été approuvés comme le précédent.

50. **Saint-Jean-de-Bœuf,** C. de Sombernon, A. de Dijon.

(1) Marc, *Index,* Vᵒ *Saint-Didier-en-Morvand.*
(2) Arch. dép. de la Côte-d'Or, M. 9, liasse 3, cote 1.

— **Bœuf**, C. de Quemigny, D. de Dijon (N. M. F.) ; omis dans les *Epreuves*. Par une délibération du 16 pluviôse an II (4 février 1794) le conseil général de la commune de Saint-Jean-de Bœuf, « pour satisfaire aux lois que tout pays qui portoit le nom de *Saint* ne porteroit plus dorénavant ce nom, il a été délibéré que le nom de notre commune se prononcerait par Bœuf (1). »

51. Saint-Jean-de-Losne, chef-lieu de canton, A. de Dijon, d'abord **Jean-de-Losne**, puis **Belle-Défense**, C. et D. de Belledéfense (E. N. M. F.). « Quand il fut question de changer le nom de Saint-Jean-de-Losne, on fit différentes motions, les uns, pensant aux affaires commerciales, proposèrent le nom de *Centre-Port* ; d'autres, s'inspirant du beau fleuve qui baigne la ville, opinèrent pour ceux de *Misaône* ou d'*Ararie*. M. Chapoteau-Receveur trouva celui de Belledéfense, qui réunit la majorité des suffrages (2). »

Le 20 prairial an V (8 juin 1797) l'administration municipale de Belledéfense prit une délibération longuement motivée, dans laquelle elle essaya de prouver qu'elle avait le droit de reprendre son ancien nom. L'administration départementale répondit qu'elle ne correspondrait qu'avec celle de Belledéfense, qu'autant qu'elle conserverait ce nom. « Vous trouvez le nouveau nom, dites-vous, trop pompeux pour les modestes habitants du canton de Saint-Jean-de-Losne. Mais, nous en croirons plutôt les habitants de Belle-défense qui n'ont adopté ce nom que parce qu'il leur retraçait les vertus héroïques et patriotiques de leurs ancêtres et parce qu'eux-mêmes se sentaient dignes de les imiter. D'ailleurs, la loi du 25 vendémiaire an II n'est pas rapportée (3). »

(1) Arch. dép. de la Côte-d'Or, M. 9, liasse 3, cote 1.

(2) L'abbé Thomas, *La belle défense de Saint-Jean-de-Losne en 1636*, p. 178. — Bibl. publ. de Dijon, fonds Baudot, n° 79, notes sur Courtépée, II, fol. 1.

(3) Arch. départ. de la Côte-d'Or, M. 9, liasse 3, cote 1.

C'est un décret impérial du 8 mai 1806, qui autorisa la ville de Belledéfense à reprendre son ancien nom de Saint-Jean-de-Losne (1).

52. Saint-Julien, C. de Dijon *est*, A. de Dijon. — **Val-Julien**, C. de Val-Julien, D. de Dijon (N. M. F.); omis dans les *Épreuves*. Il résulte d'une note inscrite sur la chemise du dossier M. 9, liasse 1, que la commune de Saint-Julien a adopté le nom de Val-Julien, sans prendre de délibération.

53. Saint-Léger, C. de Pontailler-sur-Saône, A. de Dijon. — **Léger**, C. de Binges, D. de Dijon (E. N .M), omis dans Figuères. Ce nom a été choisi par les membres du conseil de la commune de Saint-Léger par délibération du 18 frimaire an II (8 décembre 1793) (2).

54. Saint-Léger-de-Fourches, C. de Saulieu, A. de Semur-en-Auxois. — **Les Fourches**, C. de Saulieu, D. de Semur-Côte-d'Or, d'après les *Épreuves* et la délibération du Directoire du département du 29 pluviôse an II (3), *alias* **Léger-de-Fourches** (N. M. F.).

55. Saint-Marc-sur-Seine, C. de Baigneux, A. de Châtillon-sur-Seine. — **Marc-sur-Seine**, C. de Villaines, D. de Châtillon-sur-Seine (N. M.) ; omis dans les *Epreuves* et par Figuères.

56. Saint-Martin-de-la-Mer, C. de Liernais, A. de Beaune. — **Martin-de-la-Mer**, C. de Liernais, D. d'Arnay-sur-Arroux (N. M.); omis dans les *Epreuves* et par Figuères.

57. Saint-Martin-du-Mont, C. de Saint-Seine-l'Abbaye, A. de Dijon. — **Martin-du-Mont**, C. de Seine-en-Montagne, D. d'Is-sur-Tille (E. N. M.) ; omis par Figuères.

58. Saint-Maurice-sur-Vingeanne, C. de Fontaine-Française, A. de Dijon. — **Avallon-sur-Vingeanne**, C. de Montigny-sur-Vingeanne, D. d'Is-sur-Tille (E. N. M. F.). Par

(1) Marc, *Index*, V° *Saint-Jean-de-Losne*.
(2) Arch. départ. de la Côte-d'Or, M. 9, liasse 3, cote 1.
(3) Id., ibid.

décret impérial du 2 novembre 1810, la commune d'Avallon-sur-Vingeanne a été autorisée à reprendre son ancien nom de Saint-Maurice-sur-Vingeanne (1).

59. Saint-Mémin, C. de Vitteaux, A. de Semur-en-Auxois, **Belleroche**, C. de Vitteaux, D. de Semur - Côte - d'Or. (E. M. F.) et délibération du Directoire du département du 29 pluviôse an II (17 février 1794). La *Nomenclature* de l'an IV attribue par erreur à cette commune le nom de *Roche-fontaine*, qui appartient en réalité à Sainte-Colombe, et à Sainte-Colombe, celui de Belleroche, qui appartient à Saint-Memin. V. Sainte-Colombe, n° 73.

60. Saint-Nicolas-les-Citeaux, C. de Nuits, A. de Beaune, nom maintenu dans les *Epreuves*. — **Unité** (N. M. F.). **Unité-les-Moulais**, C. de Nuits, D. de Dijon, d'après une délibération du 2 nivôse an II (22 décembre 1793), ainsi conçue :

« Le conseil général de *Saint-Nicolas-Citeaux* et dépendances assemblé,

« Un membre a fait lecture de la loi du 25 vendémiaire dernier, qui autorise les communes qui ont des noms tenant au fanatisme, à la superstition et à la féodalité, à en substituer d'autres analogues à notre respectable constitution,

« Qu'en conséquence, il proposait au conseil de substituer au nom de Saint-Nicolas, celui de l'*Unité*, tellement qu'après le consentement de la Convention nationale, on ne pourrait nommer ce village autrement que l'*Unité*.

« Décide à l'unanimité que le nom de Saint-Nicolas serait oublié et qu'il y serait, en place, substitué celui de l'*Unité*.

« Un membre a demandé la parole et a dit que le nom de *Citeaux* qui est du ressort de cette commune était encore un nom attaché au faste ci-devant soi-disant religieux, puisqu'il paraît qu'il est le nom et l'origine de cette première

_____

(1) Marc, *Index*, V° *Saint-Maurice-sur-Vingeanne*.

ordre de tous ces êtres gros et gras, mais inutiles à la société
républicaine et qu'en conséquence, il présentait en lieu et
place du nom de Citeaux, celui de *Maison des Moulins*.

« Adopté à l'unanimité de manière à ce que les deux noms
de Saint-Nicolas et Citeaux oubliés, cette commune s'appel-
lera l'*Unité-les-Moulins* (1). »

Théodore Duchaussoy, dans sa *Notice sur Saint-Nicolas-
les-Citeaux* (2) rapporte une délibération du 9 floréal an II
(28 avril 1794), par laquelle le conseil général de cette
commune décide que le nom de *Saint-Nicolas* est transformé
en celui de *Commune Affranchie*. Trois jours plus tard, elle
revient à celui d'*Unité*.

Le 7 mai 1810, le conseil municipal, par une délibération
adoptée à l'unanimité, déclare reprendre son ancien nom
de Saint-Nicolas-les-Citeaux (3).

61. **Saint-Philibert-sous-Gevrey**, C. de Gevrey-Chambertin, A. de Dijon. — **Velle sous-Gevrey**, C. de Gevrey,
D. de Dijon (N. M. F.). L'ancien nom est maintenu dans
les *Epreuves*. D'une note inscrite sur la chemise du dossier
M. 9, liasse 3, il résulte que cette commune a adopté son
nouveau nom sans prendre de délibération. — Velle-sous-
Gevrey était le nom primitif de cette paroisse.

62. **Saint-Pierre-en-Vaux**, C. d'Arnay-le-Duc, A. de
Beaune. — **Pierre-en-Vaux**, C. de Viévy, D. d'Arnay-sur-
Arroux (N. M.), omis dans les *Epreuves* et par Figuères.

63. **Saint-Prix-les-Arnay**, C. d'Arnay-le-Duc, A. de
Beaune. — **Prix-les-Arnay**, C. et D. d'Arnay-sur-Arroux.
(N. M.), omis dans les *Epreuves* et par Figuères.

64. **Saint-Remy**, C. de Montbard, A. de Semur. — **Mont-
sur-Brenne**, C. de Montbard, D. de Semur (E. N. M. F.).
Changement de nom approuvé par arrêté du Directoire du

(1) *Orig.* Arch. dép. de la Côte-d'Or, M. 9, liasse 31.
(2) Cf. le journal *le Franc Bourguignon*, du 5 novembre 1883.
(3) Marc, *Index*, V° *Saint-Nicolas-les-Citeaux*.

département de la Côte-d'Or du 29 pluviôse an II (17 février 1794) (1).

65. Saint-Romain, C. de Nolay, A. de Beaune. — **Belleroche**, C. de Meursault, D. de Beaune (E. N. M. F.). — Le 6 nivôse an II (26 décembre 1793) l'administration du département de la Côte-d'Or adressait au Comité d'instruction publique une délibération de la commune de Saint-Romain, par laquelle elle substituait à son ancien nom celui de Belleroche, en priant le Comité d'approuver ce changement (2).

66. Saint-Sauveur-sur-Vingeanne, C. de Pontailler-sur-Saône, A. de Dijon. — **Alpha**, C. de Talmay, D. de Dijon (E. N. M. F.). — Le 25 frimaire an II (15 décembre 1793) le conseil général de la commune de Saint-Sauveur-sur-Vingeanne prenait la délibération suivante :

« Un des membres du conseil a dit que, par des recherches faites dans les titres et papiers de la commune, il s'en trouvait qui rappelaient, il y a environ huit siècles, que le pays était dénommé sous le nom d'*Alpha*, mais que, depuis, étant tombé sous la domination et la servitude des moines, il avait perdu son nom pour prendre celui de *Saint-Sauveur*, qu'il croyait donc qu'il était plus convenable de reprendre le nom qu'il marquait l'ancienneté du pays, que de se désigner sous un autre nom.

« Le conseil général a délibéré et arrêté que cette commune s'appellerait dès ce jour la commune d'*Alpha* (3).

67. Saint-Seine-en-Bache, C. de Saint-Jean-de-Losne, A. de Beaune. — **Beauséjour**, C. et D. de Belledéfense (E. N. M. F.). — Par délibération en date du 25 frimaire an II (15 décembre 1793) le conseil général de la commune de Saint-Seine-en-Bache décida que « pour se conformer à l'article 11 de l'arrêté du 26 brumaire, le nom Saint-Seine-

(1) Arch. départ. de la Côte-d'Or, M. 9, liasse 3, cote 1.
(2) Id., ibid.
(3) Id., ibid.

en-Bache sera substitué en celui de Beauséjour et celui du hameau de Saint-François en celui de Bellefleure (*sic*) (1) ».

68. **Saint-Seine-l'Abbaye,** chef-lieu de canton, A. de Dijon. — **Seine-en-Montagne,** chef-lieu de canton, D. d'Is-sur-Tille (E. N. M. F.). — Changement de nom constaté par la lettre du Directoire du département de la Côte-d'Or au comité de division, du 9 octobre 1793 (2).

69. **Saint-Seine-sur-Vingeanne,** C. de Fontaine-Française, A. de Dijon. — **Seine-sur-Vingeanne,** C. de Fontaine-Française, D. d'Is-sur-Tille (E. N. M. F.). — M. Marc donne par erreur la variante *Seine-en-Montagne* qui s'applique à Saint-Seine-l'Abbaye.

70. **Saint-Symphorien-en-Bache,** C. de Saint-Jean-de-Losne, A. de Beaune. — **Bellevue-sur-Saône,** C. et D. de Belledéfense (E. N. M. F.). Par une délibération en date du 20 frimaire an II (10 décembre 1793), le conseil général de la commune de Saint-Symphorien demande « que désormais il soit substitué à la commune de Saint-Symphorien celle de Bellevue-sur-Saône (3) ».

71. **Saint-Thibault,** C. de Vitteaux, A. de Semur-en-Auxois. — **Fontaine-sur-Armançon,** C. de Normier, D. de Semur-Côte-d'Or (E. N. M. F.). Ce changement qui rendait à cette commune le nom qu'elle avait porté à l'origine, a été approuvé par arrêté du Directoire du département de la Côte-d'Or du 29 pluviôse an II (17 février 1794).

Ce même arrêté approuve le changement proposé du nom du hameau de *Maison aux Moines*, situé dans cette commune, en celui de *Maison Montagne* (4).

72. **Saint-Usage,** C. de Saint-Jean-de-Losne, A. de Beaune. — **Bon Usage,** C. et D. de Belledéfense (E. N. M. F.).

(1) *Orig.*, Arch. départ. de la Côte-d'Or, M. 9, liasse 3, cote 1.
(2) Id., ibid., M. 6, liasse 53.
(3) Id., ibid., M. 9, liasse 3, cote 1.
(4) Id., ibid., M. 9, liasse 1, cote 3.

Changement de nom opéré en vertu d'une délibération du conseil général de la commune de Saint-Usage, en date du 3 nivôse an II (23 décembre 1793) (1).

73. **Saint-Victor-sur-Ouche**, C. de Sombernon, A. de Dijon. — **Victor-sur-Ouche**, C. de Quemigny, D. de Dijon (N. M. F.). Le nom ancien est maintenu dans les *Epreuves*.

74. **Sainte-Colombe**, C. de Vitteaux, A. de Semur-en-Auxois. — **Rochefontaine**, C. de Vitteaux, D. de Semur-Côte-d'Or (E. M. F.) et délibération du directoire du 29 pluviôse an II (17 février 1794). La *Nomenclature* de l'an IV attribue par erreur à cette commune le nom de *Belleroche*, qui appartient en réalité à Saint-Mémin, et à Saint-Mémin celui de Rochéfontaine, qui appartient à Sainte-Colombe (V. Saint-Mémin, n° 59).

75. **Sainte-Colombe-sur-Seine**, C. et A. de Châtillon-sur-Seine. — **Colombe-sur-Seine**, C. et D. de Châtillon-sur-Seine (E. N. M.). M. Figuères appelle cette commune *Belleroche*, par suite d'une confusion avec Sainte-Colombe, canton de Vitteaux, auquel ce nom est donné par erreur dans la *Nomenclature* de l'an IV.

76. **Sainte-Marie-la-Blanche**, C. de Beaune *sud*, A. de Beaune. — **Montagne-unie**, C. de Mursange, D. de Beaune (E. N. M. F.).

77. **Sainte-Marie-sur-Ouche et Pont-de-Pany**, C. de Sombernon, A. de Dijon. — **République-sur-Ouche** (E. N. M. F.), C. de Fleurey, D. de Dijon, en vertu d'une délibération du conseil général de la commune, en date du 13 frimaire an II (3 décembre 1793). Quelques mois plus tard, le 9 germinal an II (29 mars 1794) « les officiers municipaux de la commune de la République-sur-Ouche cy-devant Sainte-Marie et Pont-de-Pany, assemblés au sujet du changement de nom de la République que nous avions pris en

(1) Arch. dép. de la Côte-d'Or, M. 9, liasse 1, cote 3.

place de Sainte-Marie, oui l'agent national, ont délibéré qu'au lieu de la République ce sera à l'avenir **Bain-sur-Ouche et Pont-de-Pany,** ci-devant Sainte-Marie » (1).

M. Marc donne aussi à cette commune le nom de *Coyons.*

78. Sainte-Reine, C. de Flavigny, A. de Semur-en-Auxois. — **Alize,** C. de Flavigny, D. de Semur-Côte-d'Or (E. N. M. F.). « Sainte-Reine a repris son nom primitif d'Alize qui rappelle sa splendeur lorsque les Gaulois, nos bons aïeux, jouissaient de la liberté. » (Arrêté du 29 pluviôse an II-17 février 1794) (2). C'est un argument nouveau, et qu'on ne s'attendait guère à trouver ici, en faveur de l'identification d'Alise-Sainte-Reine, avec l'*Alésia* de César. Aujourd'hui *Alise-Sainte-Reine.*

79. Sainte-Sabine, C. de Pouilly-en-Auxois, A. de Beaune. — **Sabine-le-Plain,** C. de Montfranc, D. d'Arnay-sur-Arroux (E. N. M. F.).

80. Saulon-la-Chapelle, C. de Gevrey-Chamberlin, A. de Dijon. — **Saulon-Sanfond,** *alias* **Saulon-sur-Sanfond,** C. de Rouvres, D. de Dijon (M. F.).

Les *Epreuves* et la *Nomenclature* de l'an IV maintiennent le nom de Saulon-la-Chapelle.

81. Saulx-le-Duc, C. d'Is-sur-Tille, A. de Dijon. — **Saulx-la-Ville** (E.), puis **Saulx-en-Montagne** (N. M. F.), C. de Saulx-en-Montagne, D. d'Is-sur-Tille.

Par un arrêté du 4 juillet 1793, le directoire du département de la Côte-d'Or adresse au ministre de l'intérieur un arrêté du directoire du district d'Is-sur-Tille du 17 juin précédent, approuvant une pétition des habitants de Saulx-le-Duc qui demandaient à faire changer le nom de leur commune, « attendu que ce nom de Duc ne doit plus exister et que, comme il y a encore une rue qui se nomme Saulx-la

(1) *Orig.* Arch. départ. de la Côte-d'Or, M. 9, liasse 3, cote 1.
(2) Id., ibid.

Ville, le village devra s'appeler à l'avenir Saulx-la-Ville » (1).

Le décret du 31 octobre 1793 ayant remplacé la dénomination de ville, bourg, village, par celle de commune, celle de Saulx-la-Ville changea de nouveau son nom en celui de Saulx-en-Montagne.

82. **Semur-en-Auxois**, chef-lieu de C. et d'A. — **Semur**, (N.), *alias* **Semur-Côte-d'Or** (E. F.), chef-lieu de C. et de D. ; omis par M. Marc.

83. **Til-Châtel**, C. d'Is-sur-Tille, A. de Dijon. — **Mont-sur-Tille**, C. et D. d'Is-sur-Tille (E. N. M. F.).

84. **Vieux-Château**, C. et A. de Semur-en-Auxois. — **Laure-sur-Serein**, C. d'Epoisses, D. de Semur-Côte-d'Or (E. N. M. F.) Changement de nom proposé par le district de Semur et approuvé le 29 pluviôse an II (17 février 1794) par le directoire du département de la Côte-d'Or (2).

Le 20 novembre 1806, le préfet de la Côte-d'Or répondait au maire de Laure-sur-Serein, qui demandait à faire reprendre à sa commune le nom qu'elle portait avant la révolution : « On doit continuer à se servir du nom de *Laure-sur-Serein*, qui ne rappelle, au surplus, le souvenir d'aucune époque fâcheuse de la Révolution et auquel on finira par s'habituer, comme cela arrive pour toutes les institutions nouvelles (3). »

85. **Villecomte**, C. d'Is-sur-Tille, A. de Dijon, **Villefontaine** (E.), **Bellefontaine** (N. M. F.), C. de Saulx-en-Montagne, D. d'Is-sur-Tille ; cette commune a dû changer une seconde fois son nom de *Ville-fontaine*, à la suite du décret du 31 octobre 1793 (V. Saulx-le-Duc, n° 81).

86. **Villiers-le-Duc**, C. et A. de Châtillon-sur-Seine. — **Villiers-la-Forêt** (E. M. F.), **Villiers-la-Vaux** (N.), C. de Vanvey, D. de Châtillon.

(1) Arch. dép. de la Côte-d'Or, M. 6, liasse 53.
(2) Id., ibid., M. 9, liasse 3, cote 1.
(3) Id., ibid.

Un arrêté du Directoire du département du 6 mars 1793 dit que la pétition du conseil général de la commune de Villiers demandant « la substitution du nom de Villiers-le-Duc en celui de Villiers-la-Forêt, sera appuyée auprès de la Convention (1). » Le certificat délivré le 17 avril 1793, par les administrateurs du district de Châtillon-sur-Seine (2) confirmé par une lettre du Directoire du département, du 9 octobre suivant (3) maintint cette dénomination.

On ignore pour quelle raison la *Nomenclature* de l'an IV appelle cette commune Villiers-la-Vaulx.

87. Voulaines-les-Temples, aujourd'hui *Voulaines*, C. de Recey-sur-Ource, A. de Châtillon. — **Voulaines-sur-Ource**, C. de Vanvey, D. de Châtillon. Changement de nom constaté par un certificat des administrateurs du district de Châtillon, du 17 avril 1793 (4). Le nom ancien est maintenu dans les *Epreuves* et *la Nomenclature* de l'an IV. MM. Marc et Figuères omettent également de signaler cette modification.

§ II. — HAMEAUX

88. Antigny-le-Château, commune de Foissy, C. d'Arnay-le-Duc, A. de Beaune. — **Antigny-sous-le-Mont**, commune de Foissy, C. et D. d'Arnay-sur-Arroux (N. M. F.).

89. Beire-l'Eglise, commune du Grand-Beire. — **Petit Beire**. V. n° 6.

90. Citeaux, commune d'Unité-les-Moulins. — **Maison des Moulins** (M.), porte encore le nom de Citeaux dans la *Nomenclature* de l'an IV; omis dans Figuères. V. n° 60.

(1) Arch. dép. de la Côte-d'Or, K² 20, fol. 69.
(2) Id., M. 9, liasse 3, cote 1.
(3) Id., M. 6, liasse 53.
(4) Id , M. 9, liasse 3, cote 1.

91. Mailly-la-Ville, commune de Mailly-les-Ormeaux. — **Mailly-le-Bas** (N. M. F.). V. n° 26.

92. Mailly-l'Eglise, commune de Mailly-les-Ormeaux. — **Mailly-le-Mont** (M. F.). La *Nomenclature* de l'an IV indique par erreur Mailly-le-Mont, comme chef-lieu de commune. V. n° 26,

93. Maison-aux-Moines, commune de Fontaine-sur-Armançon. — **Maison-Montagne** (M. F.) L'ancien nom est maintenu dans la *Nomenclature* de l'an IV. V. n° 71.

94. La Petite Sainte-Reine, commune de Val-d'Oze. — **La Petite Alise.** MM. Marc et Figuères omettent ce changement. Ancien nom maintenu dans la *Nomenclature* de l'an IV. V. n° 49.

95. Saint-Broin-les-Lucey, commune de Faverolles-les-Lucey, C. de Recey-sur-Ource, A. de Châtillon-sur-Seine. Aujourd'hui Saint-Broing-les-Grives ou le Petit-Saint-Broing. — **Broin-les-Lucey.** Dans l'*Almanach* de 1792 (1) Saint-Broin-les-Lucey, et dans les *Epreuves*, Broin-les-Lucey figure comme commune du canton de Vanvey, district de Châtillon. La *Nomenclature* de l'an IV rend à Broin-les-Lucey sa qualité de hameau. Manque dans Marc et Figuères.

96. Saint-François, commune de Beauséjour. — **Belle-fleur,** omis par MM. Marc et Figuères, porte encore le nom de Saint-François dans la *Nomenclature* de l'an IV, V. n° 67.

97. Saint-Joseph, commune de Vitteaux, chef-lieu de canton, A. de Semur. — **Métairie Chaude,** commune de Cessey (aujourd'hui réunie à Vitteaux), C. de Vitteaux, D. de Semur (M. F.). La *Nomenclature* de l'an IV donne encore à ce hameau le nom de Saint-Joseph.

98. Saint-Just, commune de Fain-les-Moutiers. — **Bellevue-sur-Réome,** commune de Fain-les-Réôme (M. F.),

(1) *Almanach du département de la Côte-d'Or pour l'an troisième de la liberté.* Dijon, Causse, 1792, in-8°, p. 81.

maintenu sous le nom de Saint-Just dans la *Nomenclature* de l'an IV. V. n° 47.

99. Saint-Philibert, commune et canton de Montbard, A. de Semur-en-Auxois. — **Le Paquis** (M. F.) en vertu d'une délibération du district de Semur, approuvée par le Directoire du département de la Côte-d'Or le 29 pluviôse an II (17 février 1794) (1) ; maintenu sous son ancien nom dans la *Nomenclature* de l'an IV.

100. Saint-Pierre, commune de Montbard. — **Séloiché**. V. n° 99.

101. Saint-Silvain, commune de Salmaise, C. de Flavigny, A. de Semur-en-Auxois. — **Les Mazerottes**, commune et C. de Salmaise, D. de Semur-Côte-d'Or (N. M. F.). V. n° 99.

(1) Arch. départ. de la Côte-d'Or, M. 9, liasse 3, cote T.

TABLE ALPHABÉTIQUE DES COMMUNES
AYANT CHANGÉ DE NOM PENDANT LA RÉVOLUTION